世界一周飲み歩き

イシコ

朝日文庫

本書は書き下ろしです。

世界一周飲み歩き●目次

はじめに

二十代半ばの頃、手相を見てもらったことがある。

「君は旅が多いね。海外によく行くでしょ？」

中年の男性占い師は自信ありげに問いかけてきた。当時、僕は一度も海外に行ったことがなかった。そう答えると占い師は「なるほど、なるほど」とつぶやきながら、再度、僕の掌《てのひら》に見入った。

「沖縄出身？　飛行機にはよく乗るでしょ？」

彼は眉間に皺《しわ》を寄せ、僕の濃い顔をのぞき込むように言った。僕は海のない岐阜県出身で、手相を見てもらう少し前に、ある映画撮影の雑用係として、生まれて初めて飛行機に乗った。

占い師は続けて外れてしまったことでさすがに焦ったのか、目は泳ぎ、急に不機嫌になってしまった。そして吐き捨てるように言ったのである。

「女性から硫酸をかけられる相（どんな相だ？）が出ているので気をつけなさい」

硫酸をかけられるシチュエーションなどとても思い浮かばなかったが、尋ねると怒られそうな気がして、「はい」と答えた。他にも、いろいろ言われたと思うが、二十年以上前の話なので、それくらいしか覚えていない。

ただ、手相を見てもらった直後、旅にまつわる話が舞い込んできた。大道芸の経験どころか見たこともなかったのに、大道芸を操るキャラクターを演じることになり、子供ショーで全国を飛び回るようになったのである。飛行機にも数え切れないほど乗った。

三十代に入ると海外の旅にまつわる話も舞い込み始めた。編集の経験どころか仕事内容も知らないのに雑誌の編集長に就任することになり、海外取材の旅に出るようになった。スキーなどしないのにスキーウェアブランドのアートディレクターとして撮影の旅に出かけたこともある。挙句にはメールの文章でさえ校正されるのに、エッセイストとして一年ほど、世界一周の旅のプロジェクトに出た時期もあった。

思い返してみると、僕は酒を飲みながら、「旅」という単語を出されると仕事内容に関係なく安請け合いしてしまうようだ。もちろん、旅先でも酒を飲む。こう書くと酒豪のように思われそうだが、僕はコップ一杯のビールで顔が赤くなる。人見知りなので、酒の力を借りて人と語らう。酒で気が大きくなり、さまざまな失敗をやらかし、トラブルに巻き込まれることも多い。ここに収めたのは、そんな酒が運んでくれた旅の話である。時期はばらばらだが、土地ごとに思い返していったら、世界一周分の酒の旅が集まった。

旅によって肩書が違うので、いまだに職業を聞かれると戸惑う。飲み仲間は僕を紹介する際、手っ取り早く「旅人の」を頭につけることもある。この「旅人」という言い方は微妙で、三十代までは自由な人という意味合いを持つかもしれないが、四十代も半ばを過ぎると地に足がついていない駄目な人という意味合いが強くなる。そういえば、あの占い師も旅が多いとは言ったが、最後まで向いている職業を言わなかった。でも、おかげさまで今のところ女性から硫酸はかけられていない。

第一部　アジア編

奢《おご》るべきか、奢られるべきか

ソウル・韓国

田口さんは年齢不詳の不思議なおじさまだった。バイク乗り用の革の手袋を作っていると聞いたこともあれば、どんな時にこんなデザインを思いつくのだろうと聞きたくなるような変わった革の下着を販売しているウェブサイトを見せてもらったこともある。いつもひょうひょうとしていて、どこか謎めいていた。

「韓国に行くことがあったら言ってよ」

それが口癖だった。田口さんが扱う革は韓国から輸入していて、いろいろなところに顔が利くらしい。

僕が友人たちとソウルで行われるハーフマラソンに参加することになった時、田口さんに連絡してみた。マラソンを終えた翌日、彼もちょうど出張になりそうなので、ソウルで飲もうということになった。マラソンを一緒に走った友人たちが日本に帰った後、僕だけソウルに残り、アックジョン地区のホテルに延泊することにした。そのホテルも田口さんの常宿で予約を取ってくれたのである。

約束の時間にロビーに下りていくと、そこにいたのは田口さんではなく、見知らぬ韓国人の中年男性だった。

「イシコサン　デスカ？　タグチサン　カラ　ショクジ　スルヨウニ　タノマレマシタ」

どうやら田口さんの出張がなくなったらしい。そう聞いても、あまり驚かなかった。急に来られなくなったことも、代わりに飲みに行く人を用意することも、いかにも田口さんっぽかった。

「ドコニ　イキタイデスカ？」

「どこでもいいです」と答えたが、その後で、できればアックジョン地区を離れ、地元の韓国人のおじさんが集まるような場所で飲みたいと言い直した。アックジョン界隈は、高級ブティックが建ち並ぶ素敵な地区なのだが、おじさん二人で飲むにはオシャレ過ぎる街なのである。予約なしで、ふらりと入って、足を崩して猫背で飲みたい気分だった。

人の好さがにじみ出ているキムさんも、ほっとしたような表情を見せ、うなずきながら笑った。

タクシーで漢江《ハンガン》を渡り、ソウルの中心街の方に向かった。彼が好きな鍋の店に連れていってくれると言う。

「マラソン　シンブン　ミマシタ。オツカレサマデシタ」

ヒトラーの時代のベルリンオリンピック男子マラソンで金メダルを取った伝説のランナー孫基禎《ソン・ギジョン》の記念マラソンだった。彼の孫にあたる日本在住の女性が飲み仲間で、この記念マラソンで一緒に走らないかと誘ってくださったのである。

その情報が田口さん経由で、どう伝わったのかわからないが、キムさんは、僕がプロのマラソンランナーだと思っていたようだ。ハーフマラソンを走ったのは今回生まれて初めてで、何とか完走はしたものの、筋肉痛がひどく、いまだに階段の上り下りが大変だと説明すると、キムさんは大声で笑った。その笑い声で、二人の間にあった見えない壁が一枚、破れたような気がした。

横丁の入り口らしき場所で車を止めた。タクシー代を支払おうとすると、「イリマセン」と言って、キムさんが支払ってしまった。その時、僕は、はっと気がついた。翌日、帰国する予定だったので、財布にウォン紙幣をさほど残していなかったのである。田口さんと飲むのだから、日本円で清算すればいいと思っていたのだ。

韓国では割り勘という考え方はない。誘った方が出すのである。今回の場合、どっちが誘ったことになるのだろう。彼は田口さんに誘われたのだから、僕が支払うのが韓国的な筋なのだろう。

少しくたびれたおじさんが似合いそうな飲み屋街を進んでいく。ガラス張りの店の扉を開けたキムさんの後に続いた。窓ガラスにクレジットカード会社のステッカーは貼られていない。カードが使える可能性は低そうだ。支払額が想像つかないので、様子を見ながら、途中で店を抜けて大通り沿いのATMで下ろそう。

靴を脱いで上がる座敷タイプの店である。客席は仕切りがなく、広い床の上にちゃぶ台を少し大きくしたような丸テーブルが八つほど並んでいた。先客の二組のテーブルの上に鍋が置いてある。どちらもスープが真っ赤だった。辛《から》さを想像したら、唾液が出てきた。

「ビール　デ　イイデスカ?」

キムさんが座るなり、韓国ビールの代表的な銘柄の一つ「ハイトビール」を注文してくれた。

小さな器や皿に盛りつけられた日本の居酒屋でいうお通しのようなものが、たくさん運ばれてくる。キムチ、サンチュ、ワタリガニを塩やタレに漬け込んだケジャンなどが並ぶ。韓国料理は、お通しシステムだけで十分飲めるのが嬉しい。

「ナベハ　プデチゲ　デ　イイデスカ？」

キムさんが口にした「プデチゲ」を、僕は知らなかった。プデとは部隊のこと。朝鮮戦争の頃、韓国の若い兵士たちが在韓米軍基地から出た残り物や救援物資を唐辛子で味付けした鍋が始まりで、キムチチゲとの違いはスパムやソーセージが入っていることらしい。

キムさんが僕にビールを注《つ》いでくれた。それを受けながら韓国の酒の作法を思い出す。

酒を注ぐ時に両手を添えて注ぐことは日本でも体育会系の集まりでは常識だし、社会に出れば違和感なくできると思う。忘れがちなのは、酒の継ぎ足しと手酌。韓国では、どちらもしてはならない。特に継ぎ足しは、韓国の葬式で、継ぎ足しの儀式があるのでご法度だと教わった。

そうだ、何の迷いもなく、言われるがまま上座に座ってしまった。年上が上座に座るという年上を敬う儒教の教えもある。おそるおそるキムさんに歳を尋ねた。実は僕と同じ歳だった。また、一枚、壁が破れたように彼の笑顔が、どんどんはじけていく。

すき焼きで使うような底の浅い鍋が運ばれてきた。すでに食材に火が通り食べることができる状態である。

「そのまま箸でついていいんですよね？」

韓国の食事作法を確認して箸を手に取った。韓国料理では、「チョッカラ」と呼ぶ箸と「スッカラ」と呼ぶスプーンを使って食べる。鍋などの具材はチョッカラで取り、汁ものはスッカラを使う。鍋に取り箸やおたまはなく、直接、つついて食べるのだ。

「ケッコン　シテマスカ？」

「シゴトハ？」

キムさんは立て続けに質問してきた。今は別々に暮らす事実婚の女性がいること、仕事は、顔を白く塗ってパフォーマンスしていること（当時、そんなプロジェクトをしていた）を告げると、キムさんの眉間にどんどん皺《しわ》が寄っていった。どちらの説明も日本人に対してでも難しいのだから仕方がない。

「キムさんは、お仕事は、忙しいですか？」

僕の話を切り上げるために逆に質問した。彼は、日本の大手スーパーなどに入っている衣料品店向けの鞄《かばん》を輸出する貿易会社を経営しているらしい。自分の会社を興す前は、日本で働いていたこともあるので、日本語が流暢《りゅうちょう》なのだ。

「タグチサン、ボクノ　ニホンノ　オトウサン　デス」

田口さんとは、その時代からの付き合いらしい。

酒をソジュに変えた。日本でも焼肉屋などで馴染みがある韓国焼酎である。小さなショットグラスに注ぎ、テキーラでも飲むようにぐいっと飲み干す……のはキムさんだけである。僕は、一杯目は韓国流の礼儀でもあるので一気に飲み干したが、二杯目からは、ちびちび飲ませていただくことにする。

ソジュは、日本の蒸留式の焼酎と違い、すでに水で割ってある希釈式が多いので、冷やして、そのまま飲むのが美味《おい》しい。少し甘く、料理にもよく合う。ただ、そうはいっても焼酎である。けっして酒が強くない僕は、キムさんのペースでぐいぐい飲み続けたら、記憶をなくしそうだ。

スッカラで鍋からスープを直接ご飯にかけ、器を机の上に置いたまますくって食べていると、キムさんは親指を立て「カンコクニ　スンデイル　ヒト　ミタイデス」と言って笑った。韓国では、汁ものもご飯も器を手に持って食べてはいけないのだ。とはいえ、日本のように陶器ではなく金属製の器なので、汁ものなどを入れると熱くて持てないから、自然とそうなる。

いつのまにか店内は満席になり、韓国語が飛び交っていた。スーツ姿の男性も、学生らしきポロシャツ姿の若者もいる。中には胡坐《あぐら》姿の女性もいた。

韓国の女性は立膝で座るイメージがあったが、韓国の民族衣装であるチマチョゴリを着ている時だけなのだとか。その方が、チマチョゴリがきれいに見えるからで、普段は女性も胡坐で座ることが多いそうだ。

トイレから戻ると、インスタントラーメンの袋から出したような真四角の乾麺が鍋に放り込まれていた。大好きな辛ラーメンの味である。同級生二人が学生時代に戻って、下宿で鍋をつつき合っている気分になってきた。

いつしかソジュのボトルが空いていた。ほとんど、キムさんが飲んでいる。少し陽気にはなっているが、乱れることはない。おそるべき酒の強さである。

「カンコク　デハ　マッコリ　アマリ　ノミマセン」

僕は、日本の韓国料理店では、ソジュよりマッコリをよく飲むという話をすると、キムさんはそう言った。最近、韓国の市場にもマッコリが出始めているが、韓国人にとっては昔の酒というイメージがあるらしい。

他のテーブルの客が財布から紙幣を出している光景を見て、はっと思い出した。まだ、支払いの問題が残っていた。さて、どう切り出すか。

「ナニカ　タノミマスカ？　オナカ　イッパイニ　ナリマシタカ？」

キムさんがそう言ったのをきっかけに、この店はクレジットカードが使えるか聞いてみた。

「ドウシテ？　キョウハ　ワタシガ　ハライマスヨ。イリマセン」

ＡＴＭの場所を教えてほしいのだと懇願した。

「ホテル　モドルマエニ　ＡＴＭ　ヨリマス。ダイジョウブ。コノミセ　ホントウニ　ダイジョウブ。イシコサン　オキャクサン。ココ　タカクナイ　カラ　ダイジョウブ」

最後まで抵抗したが、キムさんは払わせてくれなかった。

「ジャ　コウシマショウ。ニホンニ　イッタトキ　ゴチソウシテクダサイ」

「もちろんです」と僕は答えた。

しかし、キムさんが日本に来るという連絡は今のところない。ある時、メールをしたら、アドレスが変わってしまったのか戻ってきてしまった。田口さんに聞けば、すぐわかるのだろうが、その田口さんも、ここ数年、連絡がつかなくなってしまった。彼のことだから、また、そのうち、ふらりと目の前に現れそうな気もする。

ホテルの地下のぼったくりバー　中国・北京

夜更けなのだから、タクシーを使えばよかった。仕事でもないひとり旅で、分不相応なホテルを予約してしまった負い目から、少しでも節約しようと北京空港から地下鉄を利用したのである。

北京駅の隣の崇文門《すうぶんもん》駅で降りたところまでは順調だったが、そこからホテルになかなか到着しない。ホテルの予約票だけで、地図をプリントアウトしてこなかったのである。ネットで予約する際、地図で確認すると駅からホテルまで近いように感じられ、これだけ大きなホテルなら地下鉄の駅を降りれば、すぐ見つかるだろうと思ったのだ。

地上に上がり、周囲を見渡した瞬間、それは大きな間違いであることに気づく。ホテルという意味の「飯店」と書かれた文字を探すが、僕が宿泊する「飯店」は見つからない。官庁なのかオフィスビルなのかはわからないが、電気が灯っていない建物が不気味に建ち並ぶ。大きな建物は、そこら中にあるのだ。道路も歩道も広く、道路を渡るだけでも大変そうである。

「二千万都市をなめんなよ」

北京の街からそう言われているように思えた。

しかも僕は、かなりの方向音痴である。加えて思い込みも激しく、気づいた時には自分がどこにいるのかもわからず、彷徨《さまよ》っていた。

人力車のような客車付き自転車の前で煙草を吸っていた小柄な初老の男性に声をかけた。「すいません」と日本語で。

予約票に書かれたホテル名を見せると、何も言わずに、顎《あご》で自分の自転車を指した。「乗れ」ということなのだろう。僕は無意識に自転車につながっている一人乗り用の客車に乗った。「あっ、値段交渉してない」と思った時には、すでに自転車は動き始め、何車線もある道路を堂々と横切っていった。ライトもつけずに。というよりライト自体がない。

車道が自転車であふれている中国の映像が頭にこびりついていたが、すでに昔の話なのか、それとも深夜に近いということもあるのか車しか走っていなかった。その中を自転車で走るというのは、まるでタイムマシーンにでも乗っているかのような気分になり、初めての中国という昂揚感《こうようかん》も加わって楽しくなってきた。

自転車で五分くらい走っただろうか。ホテルは、あっけなく現れた。大きなホテルの正面玄関に自転車で乗りつけることに違和感を覚えるが、これも中国らしくていい。

彼は指の数字で「二」を出した。地下鉄の切符を買った時に戻ってきた釣銭の塊から二十元を出すと、投げつけるように戻された。どうやら二百元らしい。すごい剣幕なので、僕もひるんでしまい、言われるがまま空港のATMで引き出したばかりの百元紙幣を二枚取り出すと、彼はひったくるように受け取り、去っていった。

「まぁ、深夜料金だから仕方ないか」と思いながら、彼を見送っていた。いや、待てよ。空港からホテルまでのタクシー代が約百元と書かれた情報をネットで見かけた気がする。というか二百元って、いくらだ。一元が十五円くらいだったはず……って三千円。自転車五分で三千円。

「何やってんだ……」

ため息交じりにつぶやきながら、ホテルの中に入った。明るく広々としたロビーが再び昂揚感を取り戻してくれる。とりあえず初めての中国上陸の夜なのだから気を取り直そうではないか。ホテルのバーで一杯だけ飲んで眠ろう。チェックインを無事済ませ、整髪料でテカテカの髪のフロントの男性に、ホテルのバーはどこかと聞くと閉まっていると返ってきた。さすがに今の時間から外に出かける気力まではない。

部屋で飲むことにして、キーをもらって、エレベーターに向かった。するとホテルのスタッフらしき黒いスーツの男性が近づいてきて声をかけてきた。どうやらホテルの地下にバーがあり、そこは営業していると言うのだ。ビール一杯五十元（約七百五十円）と、ご丁寧に値段まで付け加えた。フロントの男性は、バーが閉まっていると言っていたはずである。僕の英語の聞き方が悪かったか、聞き間違えたのかもしれない。ビール一杯五十元は、中国の物価からすれば高いのだろうが、ホテルのバーの価格と考えればそんなものなのかもしれないし、先ほどの人力車の料金に比べたら四分の一である。

荷物を置いて、戻ってくるからとジェスチャーで伝え、数分後、再び黒いスーツの男と一階で合流し、地下のバーに向かった。

僕のイメージしていた店とはまったく違い、店内は色付きの照明がくるくる回っている。細い通路を歩いていき、暗いカラオケボックスのような部屋に案内された。

三畳程度の部屋に黒い合皮のような安っぽいL字型のソファとガラステーブルが置かれ、向かい側の壁に大きなテレビがかかり、音は消えているが、ミュージックビデオが流れていた。ガラステーブルの上には、リモコンとマイクが置いてある。「カラオケボックスのような」ではなく、カラオケボックスだったのだ。キャバクラのような店だったら、断って出ようと思っていたが、カラオケボックスとは微妙である。しかし、一杯飲むだけだったらいいかと部屋に入った。

「ビア?」

黒いスーツの男は、先ほど、ロビーで会った時の愛想のよさは消え、面倒くさそうに聞いてきた。まるで、店に客を入れるまでが自分の仕事であるかのように。

若い女性が歌うテレビ画面を眺めていると、扉が開き、赤いワンピースを着た女性が、バドワイザーの小瓶を手に持って入ってきた。ディスカウントショップで仮装用の衣装として売っていそうな素材の悪い派手なワンピースである。彼女は僕の目の前に瓶を置いた。コップもない。そして、彼女は僕の隣に座った。「あれ?」と思う間もなく、彼女は口を開いた。

「ホエア?」

僕並みの英語の発音である。「どこから来たの?」という意味であろう質問に、

「このホテル」と答えるべきか「日本」と答えるべきか、一瞬、迷い、「ジャパン」と答えた。すると、中国語で何やら言った後、「ドゥ ユー ノウ?」と聞いてきた。

何と言ったのかわからないので、「ん? 何て?」と日本語でつぶやくと、彼女はテーブルの上にあったリモコンを手に取った。ミュージックビデオが流れていた画面からカラオケの曲リストが中国語と英語まじりで現れた。彼女は手慣れた手つきで操作し、曲を入れ、歌い始めた。中国語の歌詞だが、確実に、どこかで聞いたことがある。しかし、アーティスト名も曲名も出てこない。

僕は、ジャケットの胸ポケットに入ったままになっていたホテルの予約票とボールペンを取り出し、彼女が歌い終わると、「フー?」と聞きながら、アーティスト名を書くようにうながした。

彼女は、達筆な文字で「濱崎歩」と書いた。

「あ〜、ハマサキアユミかぁ」

そうつぶやくと彼女は笑顔でうなずいた。僕は彼女が書いた漢字の隣に、「浜崎あゆみ」と日本語で書いた。彼女は興味深そうにひらがなを眺めた後に笑った。小さな文化交流ができた気がして、やたら嬉しい。

「シー　イズ　ベリー　フェイマス　イン　ジャパン」

浜崎あゆみのことなど、たいして知りもしないのに、僕は、はしゃいで説明していた。彼女から「ビア?」と聞かれ、まだ、少し残っていたが、「イエス」と大きくうなずいた。

彼女は新しいバドワイザーの小瓶を持って、すぐに戻ってきた。そして、もう一人女性を連れてきたのである。今度は緑色のワンピースを着た女性だ。彼女の服も、普段、着るには勇気がいるデザインだった。テレビ画面を横切り、L字型のソファのでっぱり部分に座る。テレビの明かりが照らした彼女の横顔は表情が曇っているように見えた。

ビール瓶を置くと、赤いワンピースの女性は、僕にリモコンを手渡した。僕も歌えと言うことらしい。「いやいや、いい」と首を振って、リモコンを戻し、緑色のワンピースの女性を指した。すると、彼女はリモコンを手渡しながら、緑色のワンピースの女性に中国語で何やら言った。何を言ったかはわからないが、僕に発する声とは、明らかに違う強い口調だった。

緑のワンピースの女性は、リモコンをいじり曲を入れた。赤いワンピースの女性は、その様子を見届けると席を立ち、部屋を出ていった。

まったく聞いたことがない中国語の歌である。声も小さく、お世辞にもうまくはない。好きで歌っているわけじゃないという雰囲気も伝わってくる。どう反応していいのかわからなかった。手拍子するのもわざとらしい。かといって、無視するのも気の毒である。バドワイザーをちびちび飲みながら、リズムを取るように首を動かし続けた。

曲が終わる頃、赤いワンピースの女性が戻ってきた。小瓶を持ち上げ、ビールの量を確かめるようにして言った。

「ビア?」

僕は首を振り、手でサインを書く仕草をして、会計をお願いした。緑のワンピースの女性の歌がつまらなくて帰ると思われたくはなかったが、ビールを頼むたびにさまざまな色の女性が増えそうな気がしたからだ。それはそれで経験としては面白いが、そのたびに、まったく知らない、しかもけっしてうまくない中国語の歌を深夜に一人で聞き続けるのは辛い。

赤いワンピースの女性は、「はい、お仕事は、これでおしまい」とでも言いそうな冷たい表情にがらりと変わり、緑のワンピースの女性とともに部屋を出ていった。

しばらくすると黒いスーツの男性が伝票を持って現れた。百元程度の値段を想像し、書き込まれた手書きの伝票をのぞきこむ。

「二千五百元？　ん？　いくらだ？」

桁数を数え、頭の中で十五をかけて日本円に直してみた。

「三万七千五百円！！！！！」

もう一度、伝票を見直した。桁数を間違えていないか、小数点が入っていないかを確認したが、やはり二千五百元である。

「おかしいだろ。ビール二本しか飲んでないよ」

僕は日本語でそう言った。少し強めに。黒服は言われることを想定しているのか、無表情で首を振る。

「じゃ、いいよ。ホテルに言うから。フロント　フロント」

僕は上を指差し、カラオケボックスから外に出た。黒いスーツの男性は無表情のまま一緒についてきた。入り口には、赤いワンピースと緑のワンピースの女性が立っていた。彼女たちが席についたから高くなっているということなのだろうか。

ホテルのフロントに行くと、チェックインの時と同じ整髪料テカテカ男がいた。いざ英語で説明しようと思っても言葉が出てこない。地下を英語でなんと言うのかわからない。

「えーー、バーでいいや。イン　ヒズ　バー」

日本語と英語まじりで彼を指した。黒いスーツの男は、手に伝票を持ったまま、僕の必死の英語を、ふてぶてしく首を横に傾けて聞いている。

「アイ　ドリンク？　ドランク？　オンリー　ツー　ビア。バット　イット　イズ　トゥー　エクスペンシヴ」

フロントの男性には一応、通じたようだ。しかし、男性は、ホテルと彼のバーは、まったく関係ないので、責任を負えませんと、まるでレストランの駐車場の断り書きのような対応である。

「だから、ホテルのバーは閉まっていると言ったでしょ？」とでも言いたげだった。

ホテルの中にある店なのにぼったくりを許しているなんてひどいではないか。

冷静に対応している二人の姿を見ていたら、僕の感情は、どんどん高ぶってきた。

「プリーズ　コール　ポリス」

そう言えば、整髪料テカテカ男も焦り、黒いスーツの男もひるむだろうと思ったのである。しかし、フロントの男性は冷静なまま首を振り、黒いスーツの男性は笑っているではないか。フロントの男性は、もちろん呼んでもいいが、状況は同じで、もし、あなたがお金を支払わなければ、捕まるとまで言っている。

だんだん恥ずかしくなってきた。「浜崎あゆみ」の文字を書き、「ベリーフェイマス」と言って、はしゃいでいた自分の姿を思い出したのだ。しかも、これから、一週間、このホテルに宿泊するのである。嫌でも、この整髪料テカテカ男と顔を合わせるのだ。

僕は財布から、クレジットカードを取り出した。中国という国に初めて降り立ってから、まだ、三時間も経っていない。北京オリンピックを控え、浮足立っている中国を見ようとやってきたのだが、浮足立っていたのは僕だったのである。

車内の深酒は危険です

オルホン渓谷・モンゴル

朝陽を眺めると拝みたくなる性分で、実際、拝むこともある。しかし、このモンゴルの草原の朝陽には圧倒され、口を開けて見ているだけだ。周りに何もないせいか太陽の存在感が際立ち、地球を割って出てきたような迫力まで感じた。多少、酔っていることもある。僕は組み立て式の家「ゲル」の脇に置かれた折り畳み椅子に座り、生ぬるいウォッカ「アルヒ」をラッパ飲みしながらその太陽を眺めていた。

本来、「アルヒ」とは、モンゴル語で酒全般を意味する。日本語の会話において「ふだん、お酒は飲みますか?」の「お酒」にあたる。ただ、ビールは、アルヒには入れてもらえない。なんとなくではあるが、アルコール度数の強い蒸留酒のことを呼ぶのだ。よって、たいてい「アルヒ」と言えば、ウォッカを意味するらしい。

この酒は、首都ウランバートルを出発し、数十キロほど離れた薄暗い食料雑貨店に立ち寄った際に購入した。通訳兼ガイドのモンゴル人によれば、アルヒは元々、地方の遊牧民が作っていた酒で、粗悪品も多いらしい。「飲むとどうなるの？」と聞いたら、

「カラダ　コワシマス。モンゴル　デハ　ジョウシキデス」

あまりに真顔だったので、彼に選んでもらったのである。

しかし、選んでくれた彼には申し訳ないが、けっして美味しい酒ではない。香りはエチルアルコールの匂いを嗅いでいるようで、風味も何もあったものではない。そもそも朝から、こんな強い酒を飲みたくなかった。本来であれば、温かいコーヒーでもすすりながら、朝陽を眺めたいが、飲み物は、アルヒとミネラルウォーターくらいしか見当たらなかった。ミネラルウォーターでもよかったが、夏とはいえ、早朝は肌寒く、身体を温めるために消去法でアルヒを選んだのである。

ゲルから聞こえるいびきや周囲の散らかり具合を見ると、夜の酒盛りは、かなり遅くまで続いたようだ。僕は昨夜、草原の星空をほとんど楽しむことなく、ゲルの中の壁沿いに設置されたベッドで早々に眠ってしまったのである。

ＵＦＯ好きの科学者と飲んでいる際、モンゴルに行こうと誘われたことから始ま

った旅だった。モンゴルにはＵＦＯで宇宙に連れていかれた伝説の王様がいて、その王様が創った街の遺跡があると言う。僕はＵＦＯも遺跡も、好きでも嫌いでもないし、ものすごく胡散《うさん》臭い話だが、飲み屋話の種にはなりそうだ。何よりモンゴルの草原は一度、行ってみたかったし、ゲルにも宿泊してみたかった。

しかし、これが予想以上にハードな旅だった。ウランバートルを早朝に出発し、宿泊先のゲルに到着するまで、ほとんど草原の中を走っているだけで、途中、何度か降りたものの、約八時間にわたり、ワゴン車に揺られていた。約九時間かかる東京から青森までの高速バスにも、約十二時間かかる東京から高知までの高速バスにも乗ったことはあるが、それとは、比べものにならないほどの疲れ具合だった。ワゴン車とバスの乗り心地の違いの問題もあるのだろうが、舗装されていない道を揺られ続けることが、ここまで身体を疲弊させるとは思わなかった。

「揺れるねぇ」、「冒険みたいだねぇ」などと世間話をしていればあっという間に着くと思っていたが、はしゃいでいたのは最初だけ。車が揺れている状態が続くと、会話が白熱しそうになっても、相手を見ると揺れているので、気分が萎えてくる。次第に会話も減っていき、いつしか車内は沈黙に包まれる。

音楽でも聞こうかと思ったが、アイポッドをトランクに入れてしまい、車の荷物入れに収納してしまった。「今度の休憩で取り出そう」と思っていたが、いつしか音楽を聴こうという意欲もトランクから取り出そうという気力さえも奪われてしまった。

高速バスならサービスエリアでトイレ休憩するが、モンゴルの草原にそんなものがあるわけもない。トイレに行きたければ立ち小便である。小なら、まだ、いい。問題は大。僕は便秘と下痢という二刀流の胃腸の弱さを持っていて、痙攣《けいれん》性便秘なる病名を言われたこともある。たいてい旅の途中は便秘になることが多いが、この揺れで、胃腸が刺激されたのか、便秘の上に下痢という、のたうち回りたくなるような激痛と便意が同時にやってきた。

「立小便はいいけど、大きい方がしたくなったら、どうするんですか？」

僕が尋ねると、ガイドは怪訝《けげん》な顔をした。聞いている意味が理解できないらしく、「ミセ　カ　ホテル　デ　シマス」とガイドブックの教科書的な答えが返ってきた。

排尿、排便がコントロールできる人には、この苦しみは、わからないのだ。

山ははるか向こうに見え、一面の草原に視界を遮《さえぎ》るものがない。どこまで行っても僕のしゃがむ姿は見えてしまうだろう。しゃがんでいるところを、みんなから笑われながら見られる姿を想像すると、「もう少し我慢しよう」と思い、太ももをつねり、腕をつねって、便意から意識をそらした。それでも容赦なく車は揺れ、内臓を刺激する。

「ダメだ。車止めて!!」

リュックの外ポケットに入れてあったティッシュを握り、運転席に声をかけた。車が止まるか止まらないかで、扉を開け、降りると同時に走り始めた。これくらいなら大丈夫か、これくらい離れていれば大丈夫かと後ろを振り返りながら、我慢の限界まで走り続けた。どこまで走っても、乗ってきたワゴン車が見える。見えるということは、彼らから僕の姿も見えるということである。僕の行動から状況は察知できただろうし、大人なので見ないふりをしてくれてはいたが、友人の科学者だけは追いかけてきて写真に収めようとしていた。

こんな最悪な状況ではあるが、草原の中の排便は開放感にあふれ、気持ちよく、ティッシュを捨てることに多少、抵抗はあったが、分解してくれるよう微生物に願った。車まで戻るとペットボトルの水で手を洗い、天国に来たような気分で再び乗り込んだ。

便意地獄の次は単調な風景地獄が待っていた。どこまで行っても同じ風景なのだ。変わることなく草原の景色が車窓を流れていくだけである。これで空に雲でもあれ

ば、雲の形を見ながら、「あれはゴリラに似ているなぁ」などと楽しめるが、雲ひとつない青空ではどうしようもない
きれいな青空と草原の風景に最初は感動していたのに、延々と続くと、つまらない風景に思えてしまうのだから、人間の感情なんて、つくづくいい加減である。

「雲出てこいよ」「動物の一匹でも出てこいよ」と心の中で悪態をつく。

ガイドも気をつかってくれ、休憩がてら、遊牧民のゲルがぽつんと建っているところに立ち寄ってくれた。元々、ツアーに組み込まれていたのか、交渉したのかはわからないが、ゲルの主人は外に出てきて満面の笑みで歓迎してくれた。

ゲルの脇にオートバイが停められ、衛星放送が受信できるパラボラアンテナが設置されていることに、やはり何世紀も続く遊牧民の世界にも現代文化の波が来ていることを知る。

ゲルを覆う白い壁は羊の革でできているらしく、どことなく獣の匂いがした。中には絨毯《じゅうたん》が敷かれ、椅子や家具、テレビやベッドなどが整然と置かれ、大きなワンルームの部屋にいるような居心地のよさだ。

一重瞼《まぶた》の恰幅のよい主人が丼に注がれた白濁の液体を全員に渡した。馬の乳を発酵させた酒「アイラグ」のようだ。肉食中心の彼らにとって、ビタミンやミネラル

を含んだ貴重な飲み物である。アルコール度数も低いので、赤ちゃんから飲むという話もガイドがしてくれた。マッコリを少し酸っぱくしたような酒で、もっと癖があるかと思ったが、意外に飲みやすい。

子供たちが外で走り回っていたので、アイラグをもう一杯飲むと外に出て、一緒に遊ぶことにした。もし遊牧民の子供に会うことがあれば、マジックバルーンという風船で動物などを作ることができる大道芸を披露しようと思い、ポケットに忍ばせておいたのである。女の子にはうさぎを、男の子には剣を作った。すると、草原の遠くから馬でやってくる子供の姿が見えた。風船を渡しているところが見え、馬を走らせてきたらしい。恐るべき視力である。もちろん、彼にも剣を作ってあげた。

ゲルの主人と握手をして別れ、車に乗ると再び単調な風景が始まった。少しとはいえ、アルコールが入ったことと子供たちと遊んだことで、みんな、いや、僕だけが陽気になっていた。もう少し酒を飲もうかということになり、運転手には申し訳ないが、途中で購入したアルヒを開けたのだ。コップなどないので、回し飲みになる。

「うわっ！　キッ！」「火がつくんじゃないの？」「なんでこんな酒買ったの？」

笑い合いながら、瓶を回す。みんな一口含んだだけで僕の席に戻ってきてしまった。手持無沙汰なので僕は何度も瓶に口をつける。車は相変わらず揺れ、身体も小刻みに揺れるせいかアルコールが身体を巡るスピードが速い気がする。

再び車内に沈黙が戻り、酔いの次に睡魔が襲い、うとうと眠り始めた。カーテンのないワゴン車である。草原の強烈な日光が窓越しに容赦なく照りつけ、時折、暑さで目を覚ます。アルヒを惰性で手に取り、すすると、また、うとうとする。その繰り返し。

「よく寝るなぁ」

科学者の友人は、あきれ果てていた。

彼のいう伝説の王様の遺跡に到着した頃には二日酔いのような状態になっていた。一時間ほど見学したが、僕のような無知の旅人からすれば、車窓に映った景色とさほど変わらないただの野原だった。せいぜい、文字が刻まれた石碑があるくらいだ。

それより頭が重かった。酒のせいかと思ったが、車内で眠ったまま、強烈な日光を浴び続けていたため、軽い熱中症にかかったようだ。遺跡からゲルの宿泊施設へと移動する間、首の後ろをペットボトルの水で濡らしたタオルで冷やし続けた。

ゲルの夕食で、羊の肉を塩でシンプルに焼いた「チャンサン・マハ」をつついたが、ラム肉の臭いをかいだだけで吐き気をもよおした。ほんの少しだけつまみ、後は、ミネラルウォーターばかり飲んでいた。そして、夜空の満天の星だけ確認すると、僕は一人早々に眠ったのである。たっぷり眠ったせいか、体調はよくなったようだ。そして、前日の夜の宴を取り戻すかのように、今、一人でアルヒを呷《あお》っている。

草原の太陽が昇り切ったが、相変わらず、ゲルの中からはいびきが聞こえ続けている。これから、また、八時間かけてウランバートルまで戻ると思うと、急にぞっとして、瓶の蓋《ふた》を閉め、アルヒをミネラルウォーターに替えた。

壺酒を二本のストローで美女と飲むことになったわけ

ムクダハン・タイ

ホテルのフロントから連絡をもらい、ロビーに下りていくとストライプのシャツにジーンズ姿の中年男性が立っていた。インフォメーションセンターのコットさんである。

「見つかりました」

相変わらず、きれいな英語の発音だった。

数日前、タイの東北部ナコーンパノムの街に到着した日、散歩しながら、小さなインフォメーションセンターに立ち寄った。笑顔が素敵な若い女性に地図をもらい、その際、芝居かダンスを観ることができる劇場が近くにないか尋ねた。彼女は奥に座っていた男性を呼んだ。それがコットさんだった。

彼は流暢な英語で説明してくれた。おそらくこの地域の踊りについて説明してくれたのだろうが、僕の英語力では、細かい部分は聞き取れなかった。ただ、この街に劇場がないということはわかった。

職業を尋ねられ、エッセイストと答えたが通じない。ライターと言ってみたが、怪訝な顔をされた。「w r i t e r」の「w」は口をすぼめてから発音しなさいと、英会話の先生から注意されたことを思い出し、もう一度言い直すと、彼の表情が変わった。もし、情報があったら連絡するので宿泊しているホテルと部屋番号を教えてほしいと言われたのである。

そして今、突然、彼はホテルに現れた。百キロほど離れた場所で、トラディショナル・ダンスの舞台を観ることができ、移動のための車も用意してあると言うのだ。インフォメーションセンターが組んだツアーだと思い、料金を聞くと、彼は驚いたように手を振り、「必要ありません。あなたはジャーナリストですから。大切なお客様ですから」というようなことを言った。いつのまにか僕はライターではなく、ジャーナリストになっていた。しかも僕一人のために連れていってくれると言う。「舞台は、いつですか？」と尋ねると、「今から」と返ってきた。そんな無茶なと、一瞬、思ったが、そういえば、インフォメーションセンターで滞在中のスケジュールを聞かれ、「いつでも大丈夫です」と答えたような気がする。

急いで部屋に戻って着替えた。ジャーナリストにふさわしい恰好を思い描くが、戦場カメラマンが着ているようなメッシュのベストしか思い浮かばない。あいにく、そのベストは持ち合わせていない。とりあえずTシャツ、短パン、草履《ぞうり》からアロハシャツ、チノパン、スニーカーに着替え、再び下りていく。

ホテルの前には、白のトヨタカローラが停まっていた。後部座席に乗り込むと助手席にはインフォメーションセンターで見かけた女性スタッフも同乗している。

移動中、現在、どのメディアに書いているのかを尋ねられた。いくつかの媒体で連載していたが、今回の舞台のことが確実に掲載できる保証はない。しかし、それがうまく伝わらず、彼らの目と口調から、過分な期待だけが伝わってくる。

タイとラオスの国境沿いの町の一つ「ムクダハン」に入っていく。連れていかれたのは劇場ではなく、高校だった。

車を降りると、校長先生はじめ五、六名の先生と十名ほどの女子高生に迎えられた。女子高生は盛り髪の団子頭に、シルバーのアクセサリーで飾られたお揃いの民族衣装で、化粧が濃いせいか大人っぽく感じられる。

いったい何が起きているのか今一つ理解できない。コットさんに尋ねると彼女たちは舞台で踊るのだと言う。どうやら高校生たちが踊る舞台を見せてくれるようだ。

彼女たちから作務衣《さむえ》のような青い民族衣装をプレゼントされ、アロハシャツの上から着せられ、高校の資料館に通された。生徒会の役員のような女子高生から学校の歴史やこの地方に伝わる竹で作られた笙《しょう》のような伝統楽器「ケーン」の説明を受ける。彼女もコットさんと同じくらい流暢な英語を話すが、僕の耳では、ほとんど聞き取れない。

うんうんとうなずく振りをしながら、不安にかられていた。タクシン元首相が、同じ部屋で僕と同じように説明を受けている写真が飾られているのである。学校側には、いったい僕は何者だと伝わっているのだろうか。説明が終わると、眼鏡をかけた中年女性の先生に案内され、学校の裏庭のような場所に連れていかれた。

そこには小さなステージが組まれ、ステージの前には、赤茶色のござが敷かれている。その脇に百名近い学生たちが立ち並び、拍手で迎えられた。舞台前、一番見やすそうな場所に、ニスでテカテカに光っている木のテーブルと椅子が置かれ、そこに座らせられた。テーブルの上には、花で作られたタワーが飾られ、その隣にバナナやリンゴが入ったウエルカムフルーツまで用意されている。

近くに立つコットさんに、「どういうこと?」と状況説明を求めると、肩をすぼめ、手を広げた。彼も、ここまでの歓迎は予期していなかったようだ。

舞台上に、僕がプレゼントされた物と同じ民族衣装を着た男子学生がケーンや打楽器などの楽器を持って上がってきた。そして、先ほど、資料室で説明してくれた女子学生が、マイクで話し始めた。今度は英語ではなくタイ語なので、まったくわからないが、どうやら、僕のことを紹介しているようで、全員が僕の方を見て、拍手している。僕は立ち上がってお辞儀をした。

そして、音楽の演奏が始まった。モーラムと呼ばれるこの地域の伝統音楽のようだ。歌のないインストゥルメンタルの曲の後、女性が一人出てきて、歌い始める。以前、ナコーンパノムと同じタイ東北部のノーンカーイという街で、このモーラムのイベントを、酒を飲みながら六時間近く眺めていたことがあった。伝統音楽や伝統舞踊なので奥が深いのだろうが、観たり聴いたりするポイントが、今一つわからず、うとうとと眠っている時間の方が長かった。

彼女の歌が終わると、演奏は続いたまま、出迎えてくれた女性たちが舞台の前に敷かれたござの上で踊り始めた。円状になって、日本の盆踊りのようなステップを踏み、バリ島のレゴンダンスのような美しい手つきで、時計と反対回りに進んでいく。

以前観たモーラムのイベント同様、少しの間、観る分には面白いが、単調な曲と同じ踊りが続くので長く観ていると飽きてくる。ただ、優雅な椅子に一人座ると「よきにはからえ」という台詞《せりふ》が似合いそうな雰囲気で、どこかの国王にでもなった気分ではある。

途中から、男性も踊りに加わり、円が大きくなった。円の中に男性と女性が一人ずつ立ち、互いに向き合って踊り始める求愛ダンスである。二人きりになると振りのスタイルは決まっていないようで、それぞれの個性が出る。これは面白い。互いの身体にけっして触れず、近づいたり離れたり、駆け引きしながら、会話しているかのように踊るのだ。最後に男性がひざまずき、膝から下の足を上下にばたつかせる。雪の上のタンチョウの求愛ダンスを思い出させた。

校長先生が近づいてきて、「レッツトライ」と言って、僕の手を引っ張り、ござの上まで連れていった。そして、踊っている円の中に放り込まれた。

馴染みのない村の盆踊りに混ざったかのように、円状に並んで一緒に踊る人たちの手つきやステップをマネる。一つのパターンを繰り返すので、ステップはなんとなくマネできるが、指の動きはマネができない。それでも盆踊りと同じで見ているより踊っている方が楽しい。

円の真ん中では相変わらず女性と男性が一人ずつ出て踊っている。女性が踊り終わると、次の女性を指名し、入れ替わるように真ん中に入っていき、相手の男性を指名し、新しい二人の踊りが始まる。

円状に踊っている人数も、どんどん増えていき、ついに校長先生も他の先生方も踊り始めた。そして、円の真ん中に糠漬《ぬかづ》けに使えそうな茶色の壺が置かれた。中にはストローが二本差さっている。東南アジアのお祝い事などの際に振る舞われる壺酒である。トウモロコシを詰めて発酵させる地域もあるが、たいていは、米ともみ殻を詰めて発酵させる。一人ではなく、多人数でストローを差して飲んで祝う酒である。写真で見たり話で聞いたりしたことはあるが、実際に目にするのは初めてだった。

円の真ん中で踊った最後に男性と女性が向き合って吸い込むのだろう……と予想していたら、僕が女性から指名を受けた。つまり、最初に飲む役が僕にまわってきたのである。酒を飲むのはいいが、その前に求愛ダンスを踊らねばならない！　女性がワンフレーズ踊った後、ワンテンポ遅れて彼女のマネをすることしかできない。当然、ぎこちない踊りで、うまくできず、周囲は大笑いしている。

女性が壺の前に座ったので、僕も彼女に倣《なら》って、対面に座る。先生らしき中年女性が壺の中へペットボトルに入ったミネラルウォーターを注ぐ。壺酒は水を注ぎながら飲むのだ。彼女が口をつけ、僕がその様を眺めていると、水を入れてくれた先生が、「何やってんの？　あなたも早く口をつけなさい」といった感じの目と手で合図する。慌てて僕もストローに口をつける。

葦《あし》なのか竹なのか藁《わら》なのかはわからないが、細い自然素材のストローで吸い込むと、甘酒のような味がした。いつまで吸い込めばいいのか、いつまで飲み続ければいいのかわからない。二人で頭をくっつけ、上目遣いで互いを見つめ合いながら、吸い続ける。カクテルでも飲んでいるのならロマンチックだが、あくまで壺酒なのだ。

吸い込まれそうな美女の目が泳ぎ始めた。あきらかに僕の動きを探っている。僕が吸っているので、まだ止められないのだろうか。僕から吸うのを止めて顔を上げた方がいいのだろうか。しかし、踊りは女性から誘うのだから、彼女の動きを待っていた方がよさそうだ。

彼女が顔をあげたので、僕も顔をあげた。かなりの量を吸い込んだと思う。水で薄めているのでアルコール度数は高くないだろうが、酒は酒である。

再び立ち上がり、元の輪に戻り、踊っていると身体の中がじんわり熱くなり、徐々に顔も火照《ほて》ってきた。しばらくして、踊りの輪からはずれ、再び正面の椅子に戻った。演奏が始まってから踊りが終わるまで一時間ほどの公演だった。ほろ酔い気分に祭りに参加したような昂揚感が加わり、なぜこんなＶＩＰ待遇を受けているのかはわからないが、楽しいからいいではないかと幸福感がじわじわと湧きあがってきた。

校長先生が、最後に舞台に上がり、英語で挨拶を始めた。これからは国際社会になる。だから、英語も中国語も学ばなければならず、この学校でも、どんどん外国人を招いていくといった内容の話だと思う。挨拶が終わり、再び招かれた。今度は、ござの上ではなく、舞台の上である。

挨拶をしてほしいとマイクを渡された。日本語しかできないことを英語で告げると、それでいいと言う。素晴らしい演奏と踊り、お祝いの酒についてのお礼を日本語で述べた。生徒たちは、初めて聞く日本語なのか、ぽかんと不思議そうな表情で僕を眺めていた。

その状況を察し、校長先生は、一言でいいので英語を使ってほしいと言う。中国語でもいいと付け加えた。僕は片言の英語で、東南アジアを旅している途中であることと、お礼だけ述べた。

校長先生は、不満そうにマイクを受け取ると僕の仕事について英語で説明を始めた。本当は、僕自身にしてほしかったのだろう。彼も僕の職業をジャーナリストと説明している。ジャーナリストの前に「有名な」まで、ついていた。世の中の噂話というのは、こうやって大きくなっていくのだろう。

しかし、もっと気になることがあった。彼は、僕のことを、「ミスター　イシコ」ではなく、「ミスター　ナガワ」と紹介していることだ。ナガワ……。一文字も合っていない。何度も、「ミスター　ナガワ」の名前を聞いているうちに、はっとした。ひょっとして、本当は、ジャーナリストのナガワさんが、ここに来る予定ではなかったのだろうか。今頃、どこかのホテルで迎えを待っているのではないだろうか。そう考えたら、酔いが一気に醒めてきた。

タイの田舎で老後を暮らす日本人

ナコーンパノム・タイ

タイの鍋料理「タイスキ」の名前の由来は日本語である。日本の「すき焼き」の「すき」から来ているそうだ。ちなみにすき焼きの由来は農機具の「鋤《すき》」である。江戸時代、鍋の代わりに鋤を火にかけて、その上で魚や豆腐を焼いて食べたと言われている。

老後をタイ・ナコーンパノムのホテルで暮らしている初老の日本人男性、通称「フジサン」からタイスキの店に飲みに行こうと誘われた。フジサンは、珍しくウインドブレーカーを羽織っていた。ラオスとの国境沿いにある、この辺りタイ東北部は、冬場は日中三十度近くまで上がるが、夜は風が吹くと一枚羽織るものが欲しくなるほど、涼しくなる。

ナコーンパノムは特に何があるという街でもない。せいぜい、ベトナムの父と言われるホー・チ・ミンが、フランスから独立する前、七年ほど住んで作戦を練っていたというくらいのエピソードしかない。一応、その記念館もある。「一応」と書いたのは、住民に聞いても、ほとんどの人が知らないから。一度、街を散歩している途中で尋ねたら、どんどん人が集まってきてしまい、それでも誰もわからず、挙句には、知ったかぶりしたタクシーのおじちゃんに、ホテルへ連れていかれた。どうやらホテルを探していると思われたらしい。「ホ」しか合ってないのにね。

ようやく探し当てて、たどり着いた記念館も、館というには、少々、おおげさで、ホー・チ・ミンが住んでいた家が残されているだけだった。ともかく、それくらいしかないので、観光客も全然来ないし、住んでいる外国人もほとんどいないらしく、日本人でこの街に住んでいるのも、フジサン一人だけである。

「一人がいいよ。バンコクやチェンマイみたいに、日本人会があるような場所は嫌だったんだよね。せっかく日本社会の煩わしさから解放されたんだから」

僕はフジサンの本名を知らない。フジサンというニックネームは、日本の象徴である「富士山」からきているそうだ。

フジサンと出会ったのは、この街に到着して二日目のことである。映画館で、タイのアクション映画を観て、食堂でシンハービールを一本飲んでからホテルに戻ると、フロントのぽっちゃりした若い女性が、僕に鍵を渡しながら、「フジサ〜ン」と誰かを呼んだ。

ロビーで新聞を読んでいる眼鏡をかけた男性が顔を上げ、こちらに近づいてきた。作務衣に草履、紐《ひも》を通した小さな仏像を首からぶらさげた細身の初老の日本人である。一人芝居で知られるイッセー尾形が演じそうな人だった。

「日本人が、このホテルに泊まっているって聞いてね。ナコーンパノムに来る物好きな日本人って、どんな人か見てみようと思ったんだよ」

それがフジサンとの出会いだった。彼は数年前まで長野県で建設会社の社長をしていた。若い頃、社員旅行でタイに来てから、長い休みが取れるたびに訪れるようになり、老後はタイで生活することを夢見ていた。そして、ついに社員が納得する形で会社を売り払い、タイで暮らすことを決めたのである。

旅をして面白い街と住みやすい街とは違う。フジサンは現地に住む日本語が堪能なタイ人に相談しながら、改めて住む場所を求め、タイ全土を回った。当初、このナコーンパノムは候補地に入っていなかった。ナコーンパノムは住むところじゃないとタイ人の仲間たちから言われたようだ。都市部に住むタイ人は、タイの東北部を田舎として軽視する傾向にある。

しかし、フジサンは、念のため、ナコーンパノムにも立ち寄って、三日ほど過ごしてみた。メコン川の朝陽は素晴らしいし、人もすれていなければ、街の大きさもちょうどいい。住む場所として考えると悪いところは見当たらなかった。あまりにも悪いところが見えないので、逆に不安になってしまったくらいである。いったん頭を冷やすために、メコン川を渡り、対岸のラオスでしばらく過ごすことにした。しかし、ラオス側からナコーンパノムを眺めていたら、一週間も経たないうちに、どうしても住みたくなってしまった。彼は再び舞い戻り、川沿いのホテルのオーナーとホテル暮らしの交渉をして、住み始めたのである。

何もない街だが、それが、この街のよさでもあった。観光地特有のガツガツしている雰囲気もなければ、観光客からぼったくろうとするタクシーの運転手もいない。東南アジアの田舎町独特の緩い時間が流れていて、ここで過ごしていると自然に穏やかな顔になれる街なのだ。

人やメディアから聞く情報というのは、自分の目で見て確かめないと、あてにならないということである。自分に合う街と合わない街というのは、その人によって違うのだから。

僕はフジサンと出会ってから、一日に一回は会うようになった。早朝、メコン川

ナコーンパノムの穏やかな朝。住みたくなる気持ちもわかります

沿いを一緒に散歩し、彼がお気に入りのぶっかけメシ屋で朝食を一緒にとることもあれば、彼が暮らすホテルのメコン川が一望できる角部屋でお茶をご馳走になることもあった。

フジサンは、貯えはあるが、可能な限り年金の中でやりくりしたいと、一カ月のホテル代を引いて、そこから逆算して使うお金を決めていた。まるでゲームを楽しんでいるかのようにも見える。そんな話を聞いていたので、夜、飲みに誘うことは遠慮していた。

あっという間に一週間が過ぎ、そろそろ次の場所へ移動すると告げると、フジサンから普段、一人じゃ行けない店があるので、一緒に行ってくれないかと誘われた。それがタイスキの店だったのである。確かに鍋料理の店は、一人で来る機会はない。

屋根はついているが、壁がほとんどないビアガーデンのような店だった。炭を入れるために机の真ん中が空いたタイスキ専用テーブルがずらりと並んでいる。若い女性店員が真ん中の穴に炭を入れ、その上に出汁《だし》を張った鍋を置いてくれる。タイスキの鍋は、真ん中が山のように盛り上がっているジンギスカンのような鍋も多いが、この店はすき焼きで使いそうな底が浅い鍋だった。

チャンビアの瓶が二本運ばれてきた。タイのビールは、シンハービールとチャンビアがシェアを競い合っている。僕の中では、シンハービールは味がしっかりしているのでビールだけをちびちび飲む時、チャンビアはさらりとしているので食事の時と、なんとなく区分けができている。

瓶と一緒に、グラスではなく空のジョッキが置かれた。一杯分注いだら瓶は空になりそうだ。注いでいる時点で、もう一本ずつ注文する。

入れる具材はビュッフェ形式のセルフサービスになっていて、食べ放題である。海老、イカ、魚のすり身などシーフードが中心だが、鶏肉や豚肉もある。もちろん野菜も並んでいる。白菜くらいはわかるが、後はわからない。ニラかなぁと思うようなものもあるし、雑草にしか見えない野菜もある。

「煮れば何でも食べられるよ」

フジサンは笑いながら野菜をたくさん皿にのせ、僕は団子状になった魚のすり身を、鍋にたくさん放り込む。

「私は歳だから、野菜を中心に食べるよ。あなたは気にしないで、魚も肉もどんどん食べなさい」

鍋が煮立って、具材も火が通ったら、酸っぱいチリソースにつけて食べる。しばらく会話を中断し、はふはふしながら、黙々と食べて、黙々と飲んだ。

「やっぱり人と飲んで食べるのは美味しいなぁ」

フジサンは、空になった自分のジョッキに嬉しそうにビールを注ぎ、瓶を肩まで上げて、振りながら追加のビールを注文する。

女性店員は、ビール瓶と一緒に大きなアルマイト製のやかんも持ってきて、鍋の横に置いた。鍋のスープが少なくなったら、水を注いでねということなのだろう。

「今さらだけど、どうしてナコーンパノムに来たのかって聞いてなかったね」

フジサンは、僕の空いたジョッキにビールを注いだ。

「話せば長くなるんですよ」と答えると、「短く言ってくれる?」と笑った。その言い方に、社長時代のフジサンの面影をちらりと見た気がした。

そのとき僕は一都市一週間のペースで一年かけて世界一周するプロジェクトの途中だった。少し前にさまざまな所用をこなすため一時帰国し、帰国中に、友人にあるパーティーへ連れていかれた。彼は、僕のプロジェクトを紹介した。すると、その場にいた風水師は眉間に皺を寄せながら、「ずっと、そんな旅を?」とつぶやいた。

「あと半年はそうするつもりです」

そう答えると風水師は首を振りながら、「それはよくない」と言った。彼曰く、放浪を長く続ける人は風水の世界から見ると運気がよくないらしい。気が小さい僕は焦り、尋ねた。

「風水って吉方位ってありますよね? その時の自分の吉方位を行き先にして、旅を続けてもダメですか?」

「そんな話は、今まで聞いたことがないね。でも、試してみたら面白いかもしれない」

彼と名刺交換し、生年月日を伝えると、後日、半年間の僕の吉方位を一週間ごとに調べ、自分が今いる位置からの方角がわかるウェブサイトと一緒に送ってくださったのだ。僕は、それを使って旅をしてみることにした。その流れで、ナコーンパノムにたどり着いたというわけである。

「いろんな旅があるもんだね。それで、運はよくなったのかい？」

フジサンは興味深そうに聞いた。

「よくわからないです。でも、フジサンと出会えたから運がよかったんじゃないでしょうか？」

二人で再び乾杯して笑った。

聞いたことのない日本語が気になるのか、周囲の客がちらちらとこちらを見ている。欧米人も見かけない街なので、タイ語以外の言葉が珍しいようだ。タイ人の女性店員も空いた皿を片付けながら、日本語を聞く振りをして、目を大きく見開き、「わからない」と首を振って、他の女性店員にふざけて見せた。

「もう、旅することはないのですか？」

フジサンに尋ねると、ベトナムに行くことはあるらしい。

「ここにいると、平和過ぎてボケちゃうんだよ。その点、ベトナム人は、ベトナム戦争を乗り切ってきているせいか、狡猾さを持っている人が多い気がする。交渉事や釣銭などで、だまされないように緊張していることがボケ防止にいいんだよね」

ベトナムについて嬉しそうに話しながら、途中で、タイ語で若い女性店員を呼びとめ、再びビールを追加した。少しずつではあるが、タイ語も確実に学んでいるようだ。

「こんなに飲むとカミさんに怒られちゃうなぁ」

そう言って、三本目のビールを飲み干した。

「えっ？　奥さん、いらっしゃるんですか？」

独身か、失礼ながら、離婚もしくは死別だとばかり思っていた。フジサンがタイに住むと告げた時、奥様は反対しなかったそうだ。老後は互いに好きなことをして暮らそうと話し合い、奥様は長野に残って栄養士を続ける道を選択した。フジサンの身体、もしくは奥様の身体に何かあった時は長野に戻るつもりらしい。いろいろな夫婦といろいろな老後生活があるものである。

手で食べた方が美味しいのです ウブド・インドネシア

中国、インド、アメリカに続いて世界で四番目に人口が多い国は、インドネシアである。そう聞いた時、意外な気がした。小さな島が集まっている国に過ぎないと思っていたからだろう。一万三千以上の島から成り立つ国は、国民の九割近くがイスラム教徒らしい。ということは、世界で最もイスラム教徒が多い国とも言える。イスラム教徒といえば、酒、煙草《たばこ》、豚肉は口にしない……はずなのだが、インドネシアは、酒を飲む人も多く、喫煙率なんて世界で高い方の国である。

しかも首都ジャカルタがあるジャワ島のすぐ東側のバリ島に行けば、豚肉でさえも気軽に口にすることができる。この国の中でもバリ島は異質の島なのだ。島民のほとんどがヒンズー教徒、正確には土着宗教が入ったバリヒンズー教の信徒が多い。豚肉も食べれば、酒も飲むし、男性は、ほぼ喫煙者だと言っても過言ではない。

バリ島のングラ・ライ国際空港から一時間程度、山の中へ車を走らせるとウブドという村にたどり着く。一九三〇年代、ヨーロッパの芸術家たちが、ほれ込んで移り住んでしまうほど、絵画、彫刻、ダンスなど芸術にあふれている村だ。

この村によく通ったバビグリンの店がある。バビグリンとは他の島のイスラム教徒たちが卒倒しそうな豚の丸焼き料理だ。それを部位ごとにわけ、肉はもちろん、揚げた内臓やパリパリに焼いた皮に、唐辛子、ニンニク、ターメリックなど香辛料天国インドネシアの味付けがほどこされている。

ビールのつまみにもよく合う。インドネシアにはさまざまな国産ビールがある。一番流通しているのはオランダの統治下にあった時代にハイネケングループが作ったピルスナータイプの「ビンタン」で、苦みが少ない軽いビールである。

ウブドの中にバビグリンの店は、いくつかあり、店によって雰囲気も違えば、味付けも違う。よく通っていたのは、ウブドの中心部にある王宮近くの店である。王宮には現在も王家の子孫は住んでいるが、一部、開放されて見学でき、対面には大きな市場もあるので、一帯が観光地になっている。よって、このバビグリンの店には観光客も多い。値段も他のワルン（庶民的な食堂）のバビグリンと比べて少し高い。

味覚が鈍い僕にとっては、味付けは、どこの店でも美味しいと思う。それでも観光客が多い店は、僕のように場所見知りが激しい者からすると、地元客が集まるワルンより入りやすい。そして、この店には、いつも冷えたビールが置いてある。他のワルンでは、時折、ぬるいビールが、氷入りのグラスと一緒に出てくることもある。東南アジアでは全般的に見られる光景で、僕も氷入りビールは嫌いではないが、ビンタンは、氷で薄めてしまうと苦味が抜けてしまうように感じるのだ。よって冷えた小瓶のビールにそのまま口をつけて飲むのが美味しいのである。

店の入り口付近に焼き場があり、ココナツオイルでじっくり焼き上げ、テカテカに光る飴色の皮で覆われた豚の丸焼きが銀色の大きなトレイの上に腹ばいになっていた。豚君には申し訳ないけれど、見ただけで食欲がそそられる。テイクアウトもできるので、その前で待っている人も多い。

焼き場の対面に、パラソルが立ち並び、椅子席が並んでいる。テイクアウトの客と椅子席の間をかき分けるようにして奥に入っていくと、村の集会場のような雰囲気の建物があり、長テーブルが並んだ座敷席がある。

長机の両脇にずらりと客が座るので、自然に相席になるが、全員が相席だし、一人客も多いので、あまり苦にならない。牛丼屋や立ち食い蕎麦屋に入る感覚に近い。

座敷席にさっと上がるために、僕はいつもビーチサンダルで来ている。といっても、バリ島滞在中は、ほぼ、Tシャツ、短パン、ビーチサンダルで過ごしているが。

注文は、いつもバビグリンのセット。ざるの上に耐水性のわら半紙が敷かれ、粒が長いご飯が盛られ、その上に豚の肉の、ほぼすべての部位が載っている。

机のところどころに置かれた箸立てからスプーンとフォークを手にとり、最初は、フォークで一つ一つの部位をつまみながら、ビンタンビールを飲み、その次に、すべてをぐちゃぐちゃにかき混ぜて、丼飯のようにスプーンでかきこむ。

ある日、頭に鉢巻のような布を巻いた「ウドゥン」をかぶった地元客らしきバリ人二名と相席になった。彼らは右手で豚肉とご飯をもむように混ぜ合わせながら、美味しそうにほおばっていた。インドネシアの人々は、というより、イスラム教徒もバリヒンズー教徒も共通して、手で食べるという文化がある。

どちらの宗教も、食べ物は神様から与えられた物という考え方があり、食事自体が神聖な行為なのだ。本来、食器を使用することも好ましくなく、バナナの葉に載せることも多い。そして、手で食べることが一番清らかだということで右手を使って食べる。

実際に体験してみるとわかるが、手で食べた方が明らかに美味しい。インドには、

「指で味わう」という表現もあるくらいだ。それは指の感触で味わうということもあるが、スプーンでかき混ぜるより、手でかき混ぜて食べた方が、米粒の一粒ずつにカレーが、よりからんで美味しいのである。

しかし、レストランなどで、他の客がスプーンとフォークで食べているのに、自分だけ手で食べるというのは勇気がいる。このバビグリンの店は観光客が多いので、僕も自然にフォークとスプーンを使っていた。しかし、手で食べる人たちが目の前にいるのだ。同じ物を食べているのに、自分のより美味しそうに見え、スプーンとフォークで食べていることが、もったいないように思えてくる。

スプーンとフォークを脇に置き、彼らと同じように手で食べ始めた。手にご飯と豚の脂の温《ぬく》もりが伝わってくる。慣れるまでは米粒をぽろぽろこぼしてしまうが、人差し指と中指と親指の三本で、ぎゅっと押しつけるようにしてから口に運ぶ感覚がわかると、こぼれにくくなる。

やはり、バビグリンもカレーと同じなのだ。ご飯とバビグリンの脂や香辛料と混ざり合う味は、スプーンやフォークで混ぜ合わせた時より、はるかに美味しい。

ただ、途中から手で食べ始めてしまった僕の前には手を洗うフィンガーボールは置かれていない。前に座る彼らのように、最初から手で食べていれば、フィンガーボールが用意されるが、最初にスプーンとフォークを手にすると、フィンガーボールはいらない客とみなされるのである。中年女性の店員に汚れた手を見せ、上下に振りながら、手を洗う仕草を見せると、すぐに持ってきてくれた。

右側に置いていたビール瓶を脂まみれの右手で持たないように注意深く左手で持ち、飲み干した後、手で食べる嬉しさから追加でビールをもう一本注文した。

「お母さん、中しか空いてないよ」

「有名な店なんだから仕方ないわよね。これだけ混んでいるってことは、美味しいってことなのよ」

日本語の会話が聞こえた。日本人の中年女性と二十代らしき娘の親子が、ビニール袋とエコバッグを抱えて、入ってきたのである。彼女たちは椅子席に座りたかったようだ。

ちょうど目の前で食べていた二人が席を立ち、彼女たちは入れ替わるようにして、そこに座った。「まだ、行かないでください」と心の中で叫んだが、伝わるわけもない。彼らがいなくなったことで、長机の中で手で食べている客は僕だけとなった。

やたら扇子をパタパタさせる母親で、扇子についた白檀《びゃくだん》の香が机の上に漂う。市場の買い物に興奮したらしき娘は、いくら値切っただの、あそこはぼったくりの店だのと買い物の体験と店の批評を延々、述べている。母親は聞いているようで聞いておらず、周囲の客を値踏みするように、じろじろ眺め、時折、僕に対しても視線を送ってきた。

おそらく、僕のことを日本人と思っていないだろう。四カ月以上、東南アジアを旅していて、日本人に見えなくなるほど、顔は陽に焼け、しかも、ウブドの美容室で髪の毛を切って金髪にしてもらっているので、国籍不明のアジア人になっていた。しかも手で食べているのだからなおさらである。

豚の内臓とご飯をつまんで握るようにして口に放り込む際、母親と目が合った。鼻の頭に、濃い化粧越しに一滴ずつ盛り上がっている彼女の汗まで見える。彼女は、汚い物でも見るような歪んだ表情になった。手で食べることは文明的ではなく、野蛮な行為だとでも言いたげである。

手を使った僕の食べ方が様になっていなかったのかもしれないが、その表情はないでしょと突っ込みを入れたくなるほど露骨だった。日本語で語りかけて驚かせようかとも思ったが思いとどまった。一言話し始めると説教モードで語りかけそうだったからである。

あなただって日本で、おにぎりや寿司を手で食べるのではないでしょうか。日本人として、どれだけのプライドをお持ちかはわかりませんが、日本は、まもなく、東南アジアの発展途上国と呼ばれてきた国に追いつかれるかもしれません。ここ十年ほどの間でも東南アジアの経済力は驚異的に上がり、英語力が日本より勝っている国も多い。おそらく日本人が彼らの元で働く日が来ることだって十分あり得るでしょう。たとえ自分が手で食べなくても、手で食べる文化というものを受け入れる多様性の思考は身につけておいた方がいいと思いますよ。せっかく旅に来て違う文化に触れているんだから……心の叫びが止まらなくなっていた。

心を落ち着けるために、よし、ビールを飲もう。思わず脂まみれの右手でビール瓶を握ってしまった。その様を見ていた母親の眉間に、さらに皺が寄るのを目の端で感じた。

つまらなそうな女性店員が旅鬱《たびうつ》を救う

プノンペン・カンボジア

つまらなそうに働く女性というのは特に珍しい存在ではない。ロシアのデパート、マレーシアの食堂、スペインの郵便局、ウルグアイのホテル……先進国だろうが発展途上国だろうが関係ない。やる気なさげに働く女性は世界中にあふれている。世界から見れば、日本のサービス業の笑顔の方が不自然に思えるかもしれない。

カンボジアはプノンペンで宿泊していたホテル内のレストランで働く女性たちも、やる気なさげに働いていた。白いシャツに素材の悪そうなゴワゴワした赤のスカートのユニフォームを着て、サンダルで、スタスタとガニ股で歩く。

この気だるい空気が漂うレストランが、今の自分の心情に合っている。きらびやかな王宮や丘の上の寺院に行っても感動しないし、あっさりしたカンボジアの麺料理やココナツ風味のスイーツを食べても美味しいと思わない。「感激屋」と皮肉っぽく言われることがあるほど、ちょっとしたことで感動し、どんなものも美味しく食べるはずの自分なのに、一年近く旅を続けるうち、好奇心が摩耗《まもう》する旅鬱のようなものにかかってしまったらしい。

出かける気力まで奪われ、ここ数日はホテルの部屋でテレビを見るか、窓辺に座って、ホテルの下にいるタクシーの運転手たちの人間模様を眺めているだけである。お腹が空くか、コーヒーが飲みたくなると、このレストランにやってくる。

「世の中に期待し過ぎんなよ」

そう彼女たちから言われているような気になり、妙に落ち着くのだ。

店員の中でも特につまらなそうに働いている小柄な女性が注文を取りに来た。つまらなさ度に欠かせないガニ股具合も群を抜いている。

彼女の声が、これまた独特だった。裏声のような甘ったるいアニメ声である。彼女は厨房《ちゅうぼう》に注文を告げると、いつもなら空いている客席に座るはずだが、立ったまま何かを目で追っていた。しばらくすると壁に立てかけてあったテニスラケットのような道具を手にとった。

網目の部分に電流が流れ、そこに虫を当てて感電させて撃退する代物で、東南アジアでは時折見かける。目で追っていたのはハエだった。ラケットを持った彼女は、いつものつまらなそうな表情ではなく、舌舐《な》めずりでもしそうなほど、イキイキとした表情で行動を開始した。ハエのいるところへそっと近づいていく。それでもガニ股は変わらない。

彼女はラケットを振った。振るというよりは、触れるという感じである。レストラン内に「バチバチ」という音が小さいながらも響いた。ハエが当たったようだ。

彼女の輝いた表情を初めて見た。その顔で接客したら、きっと彼女に釣られてやってくる客がいるよと教えてあげたくなるようなかわいらしい笑顔である。

厨房から男性の声がかかった。どうやら僕の頼んだ飲み物ができたようだ。彼女は、再びつまらなそうな顔に戻り、片手にラケットを持ったまま、練乳入りの甘いアイスコーヒーを僕の目の前に置いた。

彼女は振り返ると、今まで見たことのないような早歩きになった。ペタペタとサンダルの音が静かなレストランに小さく響く。どうやら次の獲物を見つけたようだ。歩くスピードが変わってもガニ股は変わらない。「バチバチ」。その音が響くたびに彼女は嬉しそうな顔になる。

不思議と、そんな彼女の姿を見ていたら、摩耗していた好奇心が、ごそごそと動き始め、「外へビールでも飲みに行こうかなぁ」という気になった。

いったん部屋に戻り、無精《ぶしょう》ひげをそり、滞在中、一度も袖を通さなかったシャツに着替え、トランクからクローゼットの引き出しに移してから一度も触っていない靴下に手を伸ばし、到着してから一度も履いていないスニーカーに足を入れた。

街に出ると、すでに午後の太陽光は柔らかくなっていた。ホテルの窓から、いつも見かけるストリートチルドレンの男の子たちが目に留まる。元の色がよくわからないほど汚れたTシャツを着て、裸足である。カンボジア風焼きそば「ミーチャー」を出す屋台の周囲をぶらついていた。男性一人と女性二人の韓国人らしき三人組の元に向かい、「金をくれ」と言わんばかりのギラギラした目でにらみつけるように手を差し出した。

女性の一人は飲んでいたウーロン茶の缶を渡し、もう一人の女性は、お金を渡した。男の子は受け取るとニコッと笑った。屈託のない子供の笑顔だ。しかし、彼女たちに背を向けた瞬間、もう一人のストリートチルドレンに、悪戯《いたずら》っぽく舌を出した。まるで小悪魔を見ているようだった。

大八車に唐辛子をまぶしたしじみを並べて売り歩く中年女性、ニラまんじゅうを焼きながら屋台を引く若い男性、魚のすり身の揚げ物を盛った大皿を頭の上に載せて歩く若い女性二人組、バケツいっぱいのクモのフライを売る初老の女性など、店舗を持たなくてもたくましく商売する人々とすれ違いながら、この街に来た初日、気になっていたレストランへと向かう。

壁がない開放的な店で店内には太陽が差し込んでいる。五十名ほどは入りそうな客席に客は誰もおらず、店内の照明も灯っていない。太陽がよく当たる入り口に一番近い席に座った。

ホテルのハエ叩き女性店員とは違い、営業スマイルを蓄えた男性店員にビールを頼んだ。

座った場所から王宮は見えるが、角度はよくない。その分、人通りも少なく、落ち着いていろいろなことが考えられる。

ポル・ポト政権時代の収容所で見た拷問部屋、映画館で観たカンボジアのホラー映画、デパートのレストランで味わった不味《まず》いチャーハン、電灯が一つもついていない薄暗い美容室での散髪など、旅鬱にふさわしいカンボジアの想い出を反芻《はんすう》していると生ビールが運ばれてきた。

ジョッキには、「アンコールワット」のイラストが描かれている。カンボジアのビール「アンコール」のシンボルマークなのだ。ジョッキの下にはティーカップの白いソーサーが敷かれている。コースターではなく、コーヒーカップの下に敷く、あの丸い皿である。

ジョッキの隣には、ちくわのように細長く穴の開いた氷が入ったグラスが置かれた。ぬるくなったら入れるのだ。

何よりジョッキの脇に置かれたストローだ。ビールにストローが添えられて出てくる店は人生で初めてである。これを確かめたかった。初日にここの横を通った際、ジョッキにストローを差してビールを飲んでいる客を見かけたのだ。

その後、ホテル近くの中華料理店でも、不味いチャーハンを出したデパートのレストランでもストローはついてこなかったので、カンボジアの飲み方というよりは、この店のビールの飲み方なのだろう。考えてみれば、ビールの飲み方に決まりなどない。

ストローで酒を飲むと酔いやすいという噂が学生時代にあった話を思い出しながら、人生で初めてストローでビールを吸い込み、「うえっ」とつぶやく。ビールの味をストロー越しで味わうことに慣れていないせいか、不味《まず》い。飲む時に口に入る酸素や唇で味わうことも関係しているのだろうか。ストローで飲んだ後に、ジョッキにそのまま口をつけ、いつものように飲んでみる。やはり、この方がしっくりくる。

ただ、そもそも、この生ビール自体が不味い。缶ビールの「アンコール」も美味しいとは言えないが、不味いとは思わなかった。この街では、アサヒのスーパードライが安く手に入るので、大量に買い込み、部屋の冷蔵庫で冷やして、そればかり飲んでいたからかもしれない。

ストロー飲みと、ジョッキに口をつけた通常飲みを繰り返しながら、何度も味わったが、結論は変わらなかった。ストローうんぬんの前に、このビールが不味いのだ。それでも人生で初めてストローでビールを飲んだ達成感には満足していた。

遠くに観光案内用の象が歩いている姿が見える。タイで一度、乗せてもらったことがあるが、体験としては楽しいが、あまり乗り心地のいいものではなかった。街の散策で乗るのだったら、象より、街を流れるトレンサップ川の遊覧船の方がよさそうだ。

支払いを済ませ、店を出ると川岸へ向かった。ちょうど観光船が停泊中で、乗船料を払い、そのまま乗り込むと、すぐに出発した。百名近く乗れそうな二階建ての立派な船に、僕以外はすべて欧米人の乗客で、全員合わせて十名もいなかった。

船内では先ほどのレストランで飲んだ「アンコール」の缶ビールが売られていた。それを買って、二階のデッキに上がる。丸いテーブルと椅子のセットがいくつか並んでいて、その一つに座り、プルトップを開けた。

先ほどの生ビールより明らかに美味しい。あの店の生ビールの樽《たる》の管理の問題なのかもしれない。あれだけ直射日光が入り込むレストランならあり得るだろう。あるいはジョッキには「アンコール」のロゴが入っていたが、中身は違うビールだった可能性もある。

僕が座った対面のテーブルに、椅子に浅く腰掛け、背もたれに体重をかけ、見事なビール腹を持つ欧米人の中年男性が、つまらなそうにあかね色の空を眺めていた。のびきったTシャツに短パン、サンダルでうつろな表情である。まるで、ホテルの窓際に座っていた自分を見ているようだった。

彼が眺めている夕暮れの空も、夕陽に照らされた王宮も美しい。その優雅な風景の間を、さまざまな船が通り過ぎていく。船上に張ったロープに洗濯物を干し、寝泊りが想像できる生活感漂う船もあれば、ガラクタを山のように積んでいるゴミ屋敷のような船もあった。

街で働いている住民が村に帰るための通勤用の大型船も見かけた。街の家々と川を挟んだ村の家々との格差は明らかだった。台風が来たら、吹き飛んでしまいそうな、大雨で川が増水したら、すぐ流されてしまいそうな高床式の粗末な家が建ち並

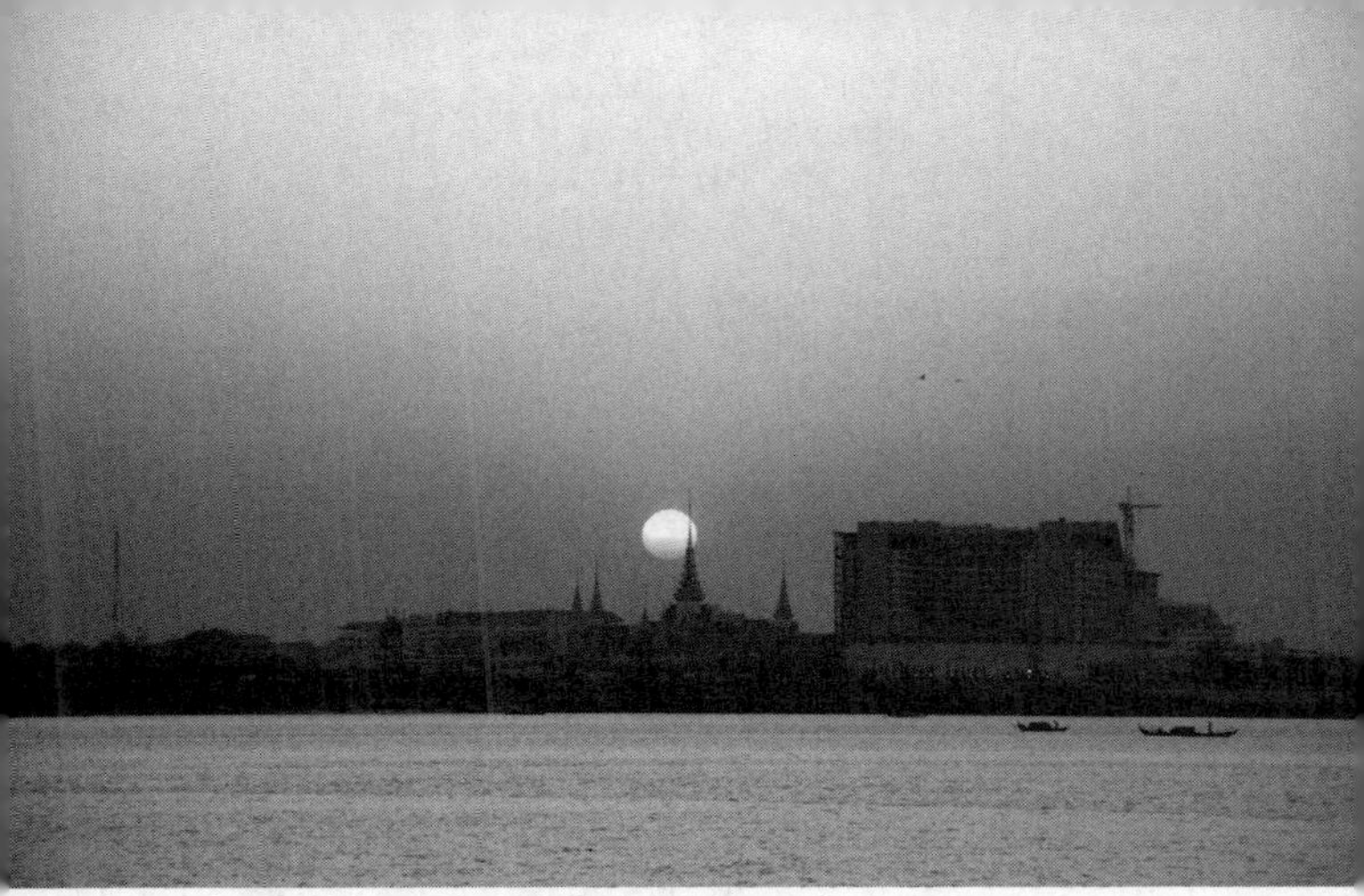

船から眺める夕陽は、ビールの最高のつまみです

んでいる。

水上生活を送っている家々の脇も通り過ぎていった。トタンでできた船上の家の中には、色を塗ってこだわっている家もある。もし、自分が水上生活を送るなら、どんな家に住むのか、どんな生活を送るのだろうか。いつしか椅子から立ち上がって身を乗り出していた。旅鬱から少しだけ抜け出したような気がする。

ガス欠のバイクタクシーの中で、飲む缶ビール

ルアンパバーン・ラオス

飛び込みで宿泊したラオス・ルアンパバーンのホテルは古い建物だった。しかし、たくさんの人が行き交い、長年手入れし続けることでしか得られない温もりが詰まっていた。あと何泊かしたかったが、隣国タイのチェンマイで約束があったので出発しなくてはならなかった。

フロントで空港までのバイクタクシーをお願いすると、気の弱そうな男性は来るまでに少し時間がかかると申し訳なさそうに言った。

「ノープロブレム」

そう答え、ロビーに置かれた、磨き込まれた木の椅子に座った。フライトの時間まで余裕はあるし、街から空港まで十五分程度と近い。

足元のリュックから缶ビールを取り出した。冷蔵庫に入れたままになっていて、

置いていくか迷った挙句、持ってきたのである。フロントの男性に、ここで飲んでいいか断ってからプルトップを開け、一口飲む。すっきりしているけどコクがあるラガービール。この数日間で、いったい何本の「ビアラオ」を飲んできただろうか。ラオスのビールは、「ビアラオ」の独占と言ってもいい。他の国産ビールもあるらしいが見たことがなかった。

まだ冷たさの残るビールを味わいながら、リュックを置き直した。チェックアウトした後、ロビーの椅子に座り、タクシーや同行者を待つ時間が好きである。と思ったら、フロントから、すぐに声がかかった、意外にもタクシーが早く来たようだ。

ビールは、まだ二口しか飲んでいない。フロントの男性に、「コプチャイ」とラオス語の「ありがとう」を言って、缶ビールを持ったまま外に出た。

ホテルを出たところに、バイクタクシーは停まっていた。名前の通り、オートバイに荷台がついているタクシーである。タイのトゥクトゥクのようにバイクと荷台が一体型の箱型三輪車もあれば、バイクに屋根付きの荷台がついているタイプもあり、今回は後者である。平行に並べられた椅子に進行方向に対し横向きで座る。

商売っ気が毛穴から噴き出しそうなくらいギラギラした中年男性の運転手が、笑いながら立っていた。

荷台の客席に小さな子供が乗っている。五歳くらいだろうか。中年男性の運転手は、「サン、サン」と笑いながら紹介した。彼の息子なのだろう。ラオス語の「こんにちは」が出てこず、「ハロー」と言って頭を下げたが、彼は、きょとんとした顔で僕のことを見つめるだけだった。

「エアポート？」の問いにイエスと答えると、バイクは動き始めた。

身体を半身にして、顔を少し出し、顔に風を浴び、ルアンパバーンの街並みを眺めながら、ビールをすする。メコン川とカーン川、プーシーの丘から見る夕陽、八十を超える寺の数々、早朝の僧侶たちの托鉢《たくはつ》の列など、過ごした時間を思い出す。

僕は、お土産を買うことがほとんどないので、旅の記憶が物として目に見えることはない。しかし、さまざまな風景や経験を浴び、到着した時と出発する時では、考え方や物の見方に多少なりとも変化が起きているような気がする。

街を出たんだろうなぁと思った途端、極端に建物が減った。世界遺産の街になったのでとりあえず空港まで道だけ造りましたと言われても信じてしまいそうなくらい何もない。しかも舗装されておらず、乾季なので砂埃《すなぼこり》が激しく舞っていた。

暑さでビールはすでにぬるい。氷を入れたグラスがほしくなる。ビアラオのようにアルコール度が高くコクがあるビールは、氷が入って薄くなるとそれはそれで美味しい。

先ほどから目の前の子供の視線が気になる。僕がちびちび飲んでいるビールが気になって仕方がないようだ。

「ごめんね。これビールなんだ」

そう日本語で言って謝ったが、男の子は相変わらず、きょとんとした表情で僕を眺めていた。ほしいわけではなく、こうして、ビールを飲みながらタクシーに乗っているおじさんが珍しいのかもしれない。

しばらく走ると、急にバイクが減速し始め、そのまま停まってしまった。信号があるわけでもない。運転手は、バイクを端に寄せると僕の方を向いて、両手を開いて、「まぁ、まぁ、落ち着いて」とでも言わんばかりに、上から抑えるように何度も動かし、「ノープロブレム、ノープロブレム」と呪文のように繰り返した。はて、バイクが壊れてしまったのだろうか。状況がよく理解できない。

「エアポート　ニア」

運転手は、そうつぶやいたあと、客席の椅子の下に置いてあった液体洗剤でも入っていたような白い容器を持って、子供に一言、二言、ラオス語で声をかけ、道の真ん中へ飛び出すと、走って来た黒のバイクを止めた。ヘルメットをかぶっている若者に顔を近づけ何やら言って、後ろに乗り、走り去ってしまった。その様を僕は呆然と見送っていた。

どうやらガス欠らしい。つまり、待っていろということなのだろう。子供は特に動じることもなく、父親が去っていく様を荷台から目で追いかけていた。姿が見えなくなると再び僕の方に身体を向け、椅子に座ったまま、つまらなそうに下を向き、足をぶらつかせていた。きっと、今までもこういうことがあったのだろう。

僕はリュックの外ポケットに入っている赤い風船を取り出した。ひねって動物などを作るマジックバルーンと呼ばれる大道芸の道具である。海外に行く時は、鞄かポケットの中に入れておくことが多い。日本語しか話せない僕のコミュニケーションツールとして役に立つことがある……って、ほとんどないのだけれど。

赤い風船を子供の目の前で伸ばす。そして膨らませると、嬉しそうな顔になった。膨らました長い風船をひねり、赤とんぼを作って手渡した。照れ笑いのような表情を見せながら受け取る子供の姿は、世界共通で、かわいいものである。彼がとんぼの尻尾を持って揺らしているのを見ながら、ビールを一気に呷った。

子供との楽しい時間は過ごせたが、いったい、これからどうなるのだろうか。フライトまで余裕があるとはいうものの、出発の二時間前は、そろそろ切る頃だ。空港は小さいとはいえ、国際線なので、入国審査も通らなくてはならない。

運転手が去っていった方を見るが、戻ってくる気配はない。通り過ぎていくバイクタクシーに乗った欧米人の女性が、こちらを見ながら、状況を察知したのか、気の毒そうな表情を見せる。同乗者の男性と二人で、こちらを見ながら、話している。「かわいそうよねぇ」「あのバイクタクシーにあたらなくてよかったなぁ」などといった会話が聞こえてきそうだ。

まさか戻ってこないってことはないよなぁ。そう思った途端、さまざまな可能性が頭をよぎる。フライトまでに彼が戻ってくる保証はないのだ。

新たにバイクタクシーを拾おうか。しかし、おそらく空港までの一本道で、どのタクシーも、街から空港に行く客か空港から街に行く客を乗せているのである。空港に向かいそうなバイクタクシーを無理矢理、止めて、相乗りさせてもらうしかないだろう。先ほどの欧米人たちの気の毒そうな表情からすれば、乗せてもらえそうな気はする。問題は、僕の目の前に座っている子供である。この子を一人にして置いていくわけにもいかない。

戻るまで待っていて、飛行機に乗り遅れて券を買い直すことを考えてみた。買い直しで済めばいいが、空港の規模から考えると、チェンマイに向かう便が、一日に何本もあるとは考えにくい。

男の子は、赤とんぼのしっぽを持ったまま揺らし、時折、僕の方を見てはにこっと笑う。その笑顔を見ると、「まぁ、いっか」という気にもなる。リュックから風船をもう一つ取り出し、今度は白のプードルを作った。男の子は先ほどの照れ笑いを忘れさせるほど悪戯っぽい笑みを浮かべ、奪い取った。天使と悪魔が表裏一体の子供の姿である。

再び周囲に目を向けるが、相変わらず、運転手が戻ってくる気配はない。あまりに手もちぶさたでほとんど空の缶ビールに、もう一度、口をつけた。子供は両手に風船を持ち、満足気である。

別のバイクタクシーに子供も一緒に乗せて空港に向かうことも想像してみた。とりあえずチェックインだけしておけば安心である。そして、最悪、事情を話して子供を空港会社か航空会社で預かってもらう。「お客様、困ります。そちらで対処してください」と言われそうな気もする。その前に子供を連れていってしまったら、あのギラギラ運転手は、ものすごい形相で怒りそうだ。

いや、ひょっとして、「バイクは差し上げますので、この子をお願いします」という新手の捨て子だったのかもしれない。となると、このまま日本へ連れて帰ることになる。彼にはパスポートもないだろうから、そもそも国を出られない。チェンマイに戻るどころの話じゃなくなってしまう。どんどんあり得ない妄想へと膨らんでいく。

ああでもない、こうでもないと考えているうちに、二人乗りのバイクがやってきた。後ろに白い容器を持った男性が乗っている。飛び降りると走ってこちらへ戻ってきた。そして、バイクのタンクの蓋を開け、容器を傾け、ガソリンを入れた。

子供が風船を持っているのを見て、運転手は、にっこり笑った。

「エアポート　ニア　ノープロブレム」

先ほどと同じ英語をもう一度つぶやき、エンジンをかけた。彼の言うことは間違ってはいない。確かに十分程度で空港に到着した。

「ご迷惑をおかけしたので、お代はいりません」と言うかなぁと、少し期待したが、そんなわけもなく、ちゃっかり通常料金を請求された。このお金がこの子供の食事代になったりするんだよなぁと思うと値切る気にもなれない。また一つ、一生忘れない想い出を増やしてくれたのだから、よしとしよう。僕は子供に手を振りながら、バイクタクシーを見送った。ほら、男の子は両手に持った風船を振っていた。そんなに振ると、すぐ壊れちゃうよ。ほら、プードル壊れちゃった。

指紋だらけのグラスを傾けながら見る世界遺産の夕陽

ルアンパバーン・ラオス

旅は好きだが、世界遺産には興味がない。「行かない？」と誘われれば、「喜んで」と答えるのだが、旅ができればどこでもいいというのが根底にあって、結局、縁がある場所であれば、どこに行っても楽しいのだ。

「ラオスにルアンパバーンって世界遺産があるんだけど行かない？」

お姉さんというか、歳からいえばおばさまと呼んだ方がいい旅仲間に誘われた。

その時、僕たちは、タイのチェンマイにいた。山の峠道の途中にポツンと現れる食堂で、「ガイヤーン」なる鶏の丸焼きをつまみにタイのビール「チャンビア」を飲んでいた。

「喜んで」

どんな場所かもよくわからないが即答していた。「ここのガイヤーンが美味しいのよ」と、連れてきてくれたチェンマイ在住の日本人のおばさまも一緒に行くと言っている。

「メコン川を伝って行く方法もあるらしいわよ」

おばさまは、ルアンパバーンまでの行き方を説明しながら、小さな籠から餅米《もちごめ》を蒸した「カオニャオ」をちぎってつまみだし、親指、人差し指、中指の三本の指をうまく使って丸めている。卓球の球くらいの大きさにしてガイヤーンと一緒に食べる、もしくは青いパパイヤのサラダ「ソムタム」のタレにつけて食べると美味しいのである。

ラオス北部の街・ルアンパバーン。歴史的な価値のある建造物が多く、美しい街並みとして残っているということから、九〇年代半ば、街全体が世界遺産に登録された。チェンマイからだと飛行機で行くのが普通だが、タイとラオスの国境の街「フエイサイ」からメコン川沿いに行く方法もあるらしい。数日後、おばさま二人と中年男の僕という妙な三人組でルアンパバーンに行くことにして、再度、乾杯した。

しかし、宿泊しているコテージに戻ると、チェンマイ在住のおばさまが仕事のため行けないことが発覚した。そこで旅仲間のおばさまと二人で行くことになり、飛行機か船か迷った挙句、時間的な制限もあり、飛行機を予約した。

それから一週間が経つ。ルアンパバーンを流れるメコン川の川辺で今、夕陽を眺めながら酒を飲んでいるのは、僕だけだった。隣には、ラオス語しか通じそうにない老人がいる。彼から、ラオラオなる米からできた蒸留酒をご馳走になっていた。

世界遺産の街並みは素晴らしかった。到着した日の夕方、プーシーの丘から見た夕陽は美しいし、早朝、さまざまな寺院から現れるオレンジ色の袈裟を着た僧侶の列、そして、道に座って拝みながら托鉢する光景は圧巻だった。ただ、二日目にはすでにお腹いっぱいになってしまった。世界遺産に観光客が押し寄せているという現実を前に疲れが出てきてしまったのである。

レストランにしろ、ネットカフェにしろ、欧米人であふれ、メニューの値段にシールが貼られ、書き直されている。二度、直されているところもある。明らかにこの地の物価が急激に上がっていることが想像できる。

僧侶の托鉢という、この地に根ざした生活サイクルにも中国人らしき観光バスの団体客が押し寄せ、写真をバシャバシャ撮り、座ることもなく、拝むこともなく、立ったまま托鉢に物を入れていく。「何かあげればいいんでしょ?」とでも言うように。托鉢の鉢がいっぱいになってしまい、途中で寺院に引き返す僧侶もいる。敬《けい》

虔《けん》な住民たちは、どう思っているのだろう。この街にお金が落ちて豊かになってい
くのだからいいやと思っているのかもしれない。いい人ぶって考察している自分も
嫌だった。僕だって世界遺産を観に来ている観光客なのだから、偉そうなことは言
えないのである。旅仲間のおばさまと来ていたら、ゲラゲラ笑いながら、僧侶と写
真を撮って、はしゃいでいるだろう。その方が気楽だったに違いない。

旅仲間のおばさまは、出発当日、チェンマイの空港までは一緒だった。チケット
カウンターで彼女のパスポートの有効期限が足りないと言われ、チケットを発券し
てもらえなくなってしまったのだ。

後ろに並んでいた僕は、彼女に手招きされた。

「どうやらパスポートの有効期限が足りないって言っているけど、よくわかんない
のよね」

「どうするんですか？」と聞くと、

「今まで何度もこういう修羅場を乗り越えてきているから大丈夫」と自信ありげに
答えた。

以前、知人の編集者から、彼女は、フランスの某有名ブランドを日本に広めた敏
腕広報だと聞いたことがあった。彼女なら本当に何とかしてしまいそうな気がした。

「イシコ、とりあえず、私の義理の息子になりなさい。お義母さんと一緒じゃないと行けないと駄々をこねるのよ」

彼女は、むちゃくちゃなことを言い始めた。

「はぁ？　嫌ですよ」

「あんた、この間、タイパンツ買うとき、お金貸してあげたでしょ？」

「あれは僕が財布忘れただけで、コテージ戻ってから、すぐ返したじゃないですか！」

カウンターの前で親子喧嘩《げんか》のように言い争う。そして、受付の女性が上司らしき男性を連れて戻ってくるとおばさまは英語で交渉を始めた。上司は、「困った客だ」と言わんばかりに、腕を組み、首を横に振っていた。僕らの後ろに人が並んでいないことが不幸中の幸いだった。それだけ出発時間が迫っていたということもある。

受付の女性が「どうしますか？」といった感じで僕に目配せをしながら、人差し指で手首の時計を指した。僕は迷うことなく、チケットを渡した。

「あっ、裏切る気？」

上司と交渉しながら、おばさまは僕の行動に気づいた。

「土産話たくさん持って帰ってきますから」

そう言って、僕は搭乗券を受け取った。

「うらぎりもの～～!!」

チェンマイ空港のロビーに彼女の声が響いた。実は、後から聞いてみたら、航空会社の勘違いだった。ビザを申請する場合のみ、パスポートの有効期限が必要であって、観光で来ているノービザの場合、帰国時まで有効期限が残っていれば何の問題もないとのことである。しかし、旅には、こういったこともあるのだ。ともかく、僕は一人でルアンパバーンの街を散策した。なんとなくもやもやした気持ちを抱えながら。雑貨屋で日焼けした絵葉書を買い、ホテルのフロントで切手を購入し、妻宛てにメッセージを書き、土でできたようなポストに投函した。そして、ノム・クイティウというタイ風おこしとビールを買い、観光客がいなそうな場所を選んで座り、メコン川を眺めていた。

首が伸びきったカーキ色のTシャツを着た男性が声をかけてきた。片言の英語で何か言っている。「ドル」という言葉と指で向こう岸を指していることから、彼が舟を出すから向こう岸に行ってみないかと持ちかけていることが想像できた。ラオスの通貨はキープだが、ドル紙幣も普通に使われ、ドルの方をありがたがる傾向にある。

渡ってみることにした。手こぎ舟でメコン川を渡ると、船頭はチェンマイ空港のカウンターの女性と同じように腕時計を指した後で、掌を広げ、五を表した。五時に迎えにくるということなのだろう。

対面の村を散歩し始め、長い階段を上っていくと愛想のいい男の子が二人近づいてきた。話しかけてくるが、何を言っているのかわからないので、笑顔を返すだけである。それでもめげずに彼らは話し続け、ついてきた。途中で女の子も二人加わり、さらに小さい男の子も加わり、いつのまにか五人の子供と一緒に長い階段を頂上まで上っていった。

階段を上り切ったところに、寺院が建っていた。広い境内のような場所には観光客どころか誰もいない。しかし、そこから眺める対岸のルアンパバーンの景色は、緑に囲まれるように寺院が連なり、絶景だった。素晴らしい景色を子供たちと一緒に眺めている……と思っていたら違っていた。彼らは風景など見ておらず、僕の方ばかり見て、何やら言っている。手を差し出し、その後で風景を指し、「テンダラー」と言った。つまり、我々がガイドをして、この景色が見られたのだから、ガイド代を寄越せということなのだろう。

首を横に振ると、ガキ大将タイプの男の子が怒り始めた。子供たちの顔から先ほどの愛想のよさは、すっかり消えていた。彼らを無視して、階段を下り始めると、「マネー」と言いながら、ついてきていたが、無視し続けたため、途中であきらめてついてこなくなった。

僕は時計を持っていなかったので時間がわからない。歩いていれば、村のどこかに時計くらいあるだろうと思っていたが、一度も見かけることはなかった。そこで、舟の着いた岸辺へ早めに戻って、メコン川を眺めて過ごすことにした。

降り立った川岸沿いを歩いていると、掘立《ほったて》小屋の前でおじいさんが座っていた。僕を見ながら、ニコニコしている。軽く会釈すると彼は手招きした。一瞬、子供たちにガイド料を請求されたことが頭をよぎったが、ここからなら迎えの舟が見える。彼に近寄っていった。

自分が座っていた木の椅子に僕を座らせ、おじいさんは古びたプラスチックの椅子に座った。そして、赤い夕陽を指した。「美しいだろう」と自慢するかのように。

掘立小屋は壁もドアもない。屋根と板張りの床があるだけ。昼寝をした後のような寝床があり、その脇に鍋や食器のような物も見える。小屋の隣に野菜などの作物も植えてあるので、農作業の休憩所として使用している小屋なのかもしれない。

おじいさんは、立ち上がると小屋の中から、ラベルも何も貼られていない瓶に入った液体を持ってきた。そして、ジャムの空き瓶のようなグラスを差し出す。受け取ると、瓶からなみなみと注いでくれた。アルコール臭がふわっと立ち上る。指紋だらけで、お世辞にもきれいとは言えないグラスで、口をつけることさえ抵抗があった。しかし、せっかくのおもてなしである。彼は飲む仕草をした。「飲め」ということなのだろう。一口飲むと、アルコール度の高い液体が喉を伝っていった。ラオスの米焼酎「ラオラオ」だった。顔をしかめながら、親指を立てると、おじいさんは、にっと笑う。歯は、ほとんどなかった。

一口飲むと指紋だらけのグラスへの抵抗感も薄れてしまった。おじいさんも隣に座ってラオラオを一緒に飲み始めた。互いに一言も話さず、メコン川の夕陽と夕陽に照らされるルアンパバーンの街並みを眺め、ラオラオをちびちびすすった。ストレートのラオラオは、夕陽とともに身体に染みわたっていくようだった。

「あの人と来ていたら、この酒は飲めなかったかもしれないなぁ」

一緒に来られなかった旅仲間のおばさまのことを思い出した。ほんの一週間前までこの街の存在さえ知らなかった僕が、この場所で夕陽を見て、その土地の酒を飲んでいる。世の中というのは不思議な縁で成り立っていることをしみじみと感じた。

向こう岸から、先ほどの中年男性が舟を漕いでやってきた。僕がおじいさんと飲んでいる姿を見つけ、手を振った。僕も手を振り返す。ラオラオを飲ませてくれたおじいさんにお金を支払うか迷った。「ハウマッチ?」と聞くのは失礼な気もする。彼の優しさで酒を飲ませてくれたと思うのだ。チップのように金を払おうとしたが、十ドル紙幣が数枚と一ドル紙幣が二枚しかなかった。

一ドル紙幣を二枚、おじいさんに渡し、手を合わせて、「コプチャイ」とラオス語のありがとうを告げた。彼は穏やかな笑みを浮かべながら受け取った。舟に乗り、おじいさんに手を振った。はたして、お金を渡したことは正解だったのだろうか。本当の優しさが台無しになったのではなかろうか。いや、十ドルの方がよかったんじゃなかろうか。だったら、子供たちに払ってやってもよかったではないか。揺れる舟から夕陽に照らされるルアンパバーンを眺めながら、うじうじ考えていた。こんな時、きっと旅仲間のおばさまがいたら、気持ちいい解答を出してくれるような気がする。

モーラミャイン・ミャンマー

腑《ふ》に落ちない居心地の良さに戸惑う街

源流はチベットらしい。国境を越え、ミャンマーに流れ込み、モーラミャインの街を抜け、海へ注がれる。長い旅を終えた水が流れるタンルウィン川は茶色く濁っている。

倉庫にも見える簡素な建物が川にせり出すように建っていた。ミャンマービールの看板がかかっているので酒を出す店なのだろう。扉があるだけで窓は見当たらず、外壁は錆びついたトタンで覆われている。到着した日、その建物から鼻の下を伸ばした中年男性と店から送り出す厚化粧の女性が現れる光景を見た。地方のスナックやクラブのように感じられ、滞在中、行く店の候補リストからはずれた。しかし、あれから一週間近く経ち、僕は再びその店の前に立っていた。

何の下調べもなく、ヤンゴンから、乗り心地の悪い列車に八時間ほど揺られ、この街にやってきた。英国植民地時代の建物が残り、立派な寺院や仏塔（パゴダ）もあるが、観光客はほとんど見当たらず、一言で言えば寂れた地方都市である。しかし、この街には言い知れぬ……というより腑に落ちない居心地の良さがあった。

毎日、目抜き通りの食料雑貨店の前を通ると若い女性店員から「コンニチワ」と日本語で声をかけられる。こちらも「こんにちは」と返すと彼女は心の底から嬉しそうな表情で微笑《ほほえ》む。東南アジアの街を歩いていると、日本語で挨拶されることはある。しかし、日本人の気をひくための挨拶で、闇両替の誘いや観光ガイドの営業などとセットであることも多い。しかし、彼女の場合、純粋に挨拶だけなので、どこか拍子抜けしてしまうのである。

印刷屋の前ではインド系のミャンマー人が椅子を出して座り、発音のいい英語で声をかけてくる。

「Would you like a cup of coffee ?（コーヒーでもいかがですか?）」

最初に声をかけられた時、彼の店が何屋かわからないこともあり、コーヒーを飲んだら何か売りつけられると警戒し、「ノー、サンキュー」と答えて通り過ぎた。店の近くでバイクタクシーを捕まえ、運転手に行きたい寺院の名前を告げるが伝わらず、悪戦苦闘していると彼が駆けつけてくれ、通訳してくれた。寺院から戻り、改めてお礼を言いに行くと彼は嬉しそうに店に招き入れ、甘いコーヒーとイチャーコイなる揚げパンをご馳走してくれた。彼は英語を話す機会を求めていただけなのである。僕の英語は片言なのであまり役には立たないが、その日以来、毎日のように店の前を通るたびに挨拶を交わすようになった。

数日後、「コンニチワ」女性の食料雑貨店で買ったチョコレートを差入れに持って行くと「ガウンセー島に行ったか?」と聞かれた。タンルウィン川に浮かぶ島で島全体が寺になっているらしい。滞在中、島を往復する舟を見たことがなかったので特別な儀式の時しか立ち入ることができない神聖な場所だと思っていた。行っていないと答えると、彼は驚き、店番は彼一人しかいないにもかかわらず、連れていってくれた。船頭を紹介してくれ、値段交渉までして、ビール一本分で往復してくれることになった。手数料をとるわけでもないのに、ここまで手厚く面倒を見てもらって申し訳ない気持ちになり、本来、「サンキュー」と言うべきところ、「アイムソーリー」が口から出てきた。

「Why apologize for ? (どうして謝るんだ?)」

彼は不思議そうな顔で船頭と一緒に陸に置かれていた舟を押して川に浮かべた。そして僕を乗せると手を振って見送ってくれた。

ガウンセー島も不思議な島だった。舟が到着すると二人組の子供が寄ってきて島内を案内してくれた。最初は二人だった子供がいつのまにか五、六人に膨れあがり、きっと最後にガイド代をせびられるんだろうなぁと思い、ポケットに細かい紙幣があることを手探りで確認しながら、値段交渉に備えた。島を一周し終える頃、子供たちみんなに僕の身体は押され、舟に乗せられた。子供たちは手を振りながら見送った。結局、彼らはお金を要求しなかったのである。せびられることばかりを考えていた自分を恥じ、申し訳ない気持ちで手を振り返した。

陸に戻り、釈然としないというか、やりきれないというのか、腑に落ちない居心地の良さに戸惑いながら、川沿いをとぼとぼ歩いていた。旅を長く続けていたせいだろうか。猜疑心が強くなっている。しかし、この街の人々と会っていると猜疑心を持っている自分が嫌になってくるのだ。

その時、初日に見かけた怪しげな店が目に入ったのである。扉は開いていた。電灯は灯っていないので店内は暗くて、よく見えないが、川側の壁に小さな窓がある。その窓から少しだけ日光が差し込んでいた。退廃的な場所を求めていたのか吸い込まれるように入っていく。倉庫のようにがらんと広いスペースに、古い木製の大きなテーブルと椅子が雑然と並べられ、ビアホールのようにも見える。入り口に近い客席では、よれよれの白いシャツにミャンマーの民族衣装である巻きスカート「ロンジー」をまとった細身の中年男性が座り、ビールをすすっていた。明かりが差し込む窓に一番近い席に座ると、肝っ玉母さんのような中年のミャンマー人女性が注文を取りにきた。ビールを注文すると無愛想にうなずき、トイレの場所を聞くと面倒くさそうに顎で奥を指した。「無愛想」と「面倒くさそう」という、いつもなら決して気持ちよくない態度に、ほっとした。

トイレは建物から舟が着けられる桟橋《さんばし》へ行く途中にあった。便器から川面がうっすらと見える。放出した小便は、そのまま川に流れていくのだろう。桟橋には年齢不詳の巨体の女性が座り、細い竹竿を持ち、釣り糸を垂れ、重そうな足をぶらつかせていた。彼女の周囲にゆったりした時間が流れている。あの体型からすると八十キロ以上はあるだろう。ミャンマーの人にしては珍しい体型の女性である。

視線を感じたのか彼女は僕の方を見た。目は元々細いのか、肉付きの影響なのかわからないが、ほとんど開いていない。笑ってはいないが柔らかい穏やかな表情だった。店のスタッフだろうか。それとも夜になるとフロアに出て男性客の接待をする女性なのだろうか。彼女が横に座ったら迫力があるだろうなぁと想像しながらテーブルに戻ると樽形のジョッキグラスに生ビールが注がれていた。

たいていビールを頼むと瓶ビールが出てくる店が多い。まさか、この店で生ビールを飲むことができるとは思わなかった。キンキンに冷えていないせいか、味に深みを感じ、余韻が楽しめるラガービールである。店にかかっている看板からするとミャンマービールの生ビールだろう。この国が誇るミャンマービールは植民地時代、英国に仕込まれたのか醸造技術が高く、「東南アジアで一番美味しいビール」と評する人がいるのも納得できる。

店内にバイクのまま入ってくる中年男性がいた。その光景に違和感がないのは倉庫のような雰囲気の店だからだろう。彼は、入り口の脇にバイクを止め、肝っ玉母さんにビールを注文し、彼女と雑談を交わしながら立ったまま一杯飲み終えると、すぐに出ていってしまった。まるで給油所にでも立ち寄ったかのようだ。

ビールはあっという間になくなり、二杯目を注文した。ジョッキを持ってくる肝っ玉母さんの後ろから、目をこすりながら化粧っ気のない小柄な女性がついてきた。歳の頃は二十代前半といったところか。胸元がゴムのギャザーになったピンクのワンピースをまとっているが、タオルのような素材のせいか風呂上がりのバスローブもしくはパジャマのようにも見える。起きたばかりなのだろう。彼女は中年男性の隣に座った。

どうやら顔見知りのようだ。中年男性は穏やかな笑みを浮かべ、彼女のことを見つめているだけである。彼女が言葉を発すると彼は椅子の上に置いていた布の袋を机の上に置いた。彼女は、袋に手をかけ、中をのぞき込むと表情が変わった。急に怒り出したのである。布袋からビニール袋を取り出し、「たのんだものと違う」と言わんばかりに机の上に叩きつけた。彼女が怒っている間、中年男性は何も言わず、目の前にある生ビールをすった。彼女は、怒りをすべて出し終えたのか、声が小さくなり、ぶつぶつ言いながらビニール袋から中に入っている物を取り出して広げた。スウェット素材のパーカーだった。

彼女は、そのパーカーを羽織ると、まんざらでもない表情になり、その場で、くるりと回転した。肝っ玉母さんもやってきて、パーカーの素材を確かめるように触り、「いいじゃない」といった感じで彼女に声をかけていた。肝っ玉母さんからも褒められ、彼女はさらにご機嫌になっていき、中年男性に抱きついた。先ほどの怒りが嘘のようだ。まるで芝居でも観ているような光景だった。抱きつかれた中年男性は幸せそうな満面の笑みを浮かべた。

肝っ玉母さんと目が合った際、僕は空中に数字を書く仕草をして会計の合図をし、残りのビールを飲み干した。彼女は紙の切れ端に金額を書いてテーブルの上に置いた。多少、高いことを予想していたが普通の店のビールの金額と変わらなかった。ミャンマー語でありがとうと言うと彼女が、にやりと笑った。釣りをしていた年齢不詳の女性にどこか似ている。親子なのかもしれない。

店の外に出ると、相変わらず南国の太陽が降り注いでいた。この街には小さな幸せがたくさん詰まっている。その小さな幸せが積み重なり、穏やかな優しい街をつくっているのだろう。この街にいれば、長旅でスレてしまった僕でも少しだけ心がきれいになるような気がする。そして少しだけ優しくなれそうな気もする。少しでいいのだ。

コラム

世界ビールつれづれ①

昔から「とりあえずビールください」の頼み方に抵抗がある。メニューを見ることが面倒で惰性でビールを頼んでいるような気がするからだ。

そこで海外の旅に出かける際、「とりあえずビール」禁止令を自分に課してみたことがあった。最初の注文はビール以外の飲み物を頼むことにしたのだ。

しかし、飛行機に乗り込み、機内サービスの飲み物の注文でつまずいた。「ブラッディメアリー」を頼んだが通じないのである。発音を変えても通じない。トマトジュースをウォッカで割った飲み物など他の言い回しの英語が思いつかず、まだ飲み物を頼んでいない隣の席に座る女性の視線を感じ、とっさに「ビア」とつぶやいた。僕の「とりあえずビール禁止令」は、あっけなく解除された。

気落ちしながらプルトップに手をかけたが、コップに注ぎ、口をつけた時、ふと思ったのである。「とりあえずビール」ではない。「とにかくビール」なのだ。僕はビールが飲みたいんだ！　こうなったら世界中のビールを徹底的に飲んでやろうじゃないかと。こうして僕は旅先に到着したら、とにかくビールを飲むようになったのである。

どこの国のビールがおいしいか？

東南アジアや中南米の暑い国はもちろんのこと、極寒の冬の北欧や北米に滞在中もビールを飲んだ。屋台、レストラン、バー、時にはホテルのルームサービスまでメニューにビールがある場合は迷わず頼んだ。ビールの種類が多い国の場合、冷蔵庫が設置されている滞在型ホテルを選び、現地のスーパーで全種類のビールを買い込み、片っ端から飲んだこともある。それだけ飲み続ければ、多少は世界のビールに関して語ることができる……はずだった。

しかし、僕には致命的な弱点があった。味覚が鈍いのだ。どこの国のビールを飲んでも、たいてい「おいしい」しか口から出てこない。コップに注いだビールを並べ、どれがどこの国のビールかテストをしたこともあるが全くわからなかった。つまり、僕はビール評論家にはなれないのだ。

それでも僕の紀行文はビールが多く登場するせいか「どこの国のビールが一番、おいしいですか？」と聞かれることがある。

「日本です」というのが本音だ。どこの国のご飯がおいしいかと聞かれて「和食です」と答えるのと同じ。考えてみれば日本人の味覚に合わせて作られているのだから当たり前である。それは質問している方もわかっていて、あえて他の答えがないか聞いているのだ。

だったら、ビールがおいしいことで知られるドイツ、ベルギー、チェコ、イギリスのいずれかを答えればいいのか。無難ではあるが、そう答えると、「やっぱりね」と、がっかりしたような空気が漂う。インターネットですぐ出てくるような回答などいらないのだ。「それは意外だなぁ」と思えるような答えを待っているらしい。

そこで、「ミャンマービール」と答えるようになった。名前の通り、ミャンマーのビールで一番知られているブランドである。英国植民地時代に培われた醸造技術で丁寧に作られ、瓶ビールと生ビールどちらもあり、なぜか生ビールは瓶ビールの半額くらいで飲むことができる。ミャンマー人の人柄を感じさせるような優しい後味が残るラガービールだが、味よりも軍事国家のビールということで聞いた方の食いつきがいい。そのままミャンマーの旅の話を聞かれることも多く、会話の展開がスムーズになる。

しかし、現在、ミャンマーは「アジア最後のフロンティア」ともてはやされ、さまざまな媒体で取り上げられることも多く、観光客もビジネスマンも殺到している。日本の企業がミャンマーのビール最大手の会社を買収したそうなので、今後、日本でも普通に飲めるようになる可能性もある。そろそろ別の国のビールの答えを用意しておいた方がよさそうだ。

第二部　ヨーロッパ編

酒の勢いを借りた大道芸で、奪われたリラ紙幣を取り返す

ローマ・イタリア

人生で初めて海外の街を一人で散策したのは冬のローマだった。まだユーロ紙幣ではなくリラ紙幣の頃のイタリアである。到着した翌日、恐喝とスリで二度も金を奪われた。今もたいして変わらないが、今以上に間抜けな日本人だったのである。

小型の日伊辞典と『地球の歩き方』を持ち、朝のナヴォナ広場を歩いていた。その時点で、「私は観光客です」の札を首からぶら下げているようなものである。さぞかし浮足立っていたのだろう。

若いイタリア人男性から「チャオ!」と声をかけられ、勇気を出して笑顔で「チャオ!」と返した。声をかけてくるすべての人に陽気に返さなければならないと思っていたのである。

彼は、「ジャポネーゼ?」と、『地球の歩き方』の表紙を指しながら近づいてきて、

握手を求めてきた。彼は握手をした手を放すと、イタリア語で話しながら、手をそのままにしていろという、まるで大道芸人が客いじりをするような大袈裟《おおげさ》なジェスチャーをした。そして、鼻歌交じりに僕の腕に紐《ひも》を巻きつけ始めるとあっという間に黄、緑、赤などの色が混じったミサンガが完成していた。それはそれは見事な早業《はやわざ》だった。

最後にナイフで紐を切ると彼はイタリア語で何かつぶやいた。何を言っているのかわからないので、「全然、わかりません」と日本語で言って手を振った。すると指でお金を数える仕草をした。お金を払えということらしい。

「はぁ？　勝手につけただけでしょ？」

首を横に振ると、陽気な目が急に険しくなり、紐を切ったナイフを腹に突きつけてきた。ジャンパー越しにもナイフの先端の感触がある。身体にナイフを突きつけられたことなど人生で初めてのことだ。頭はパニックに陥り、ポケットから、リラ紙幣を取り出した。彼は、僕が手にした紙幣をすべてつかんで行ってしまった。イタリアに長期滞在するんだという昂揚感《こうようかん》は消え去り、しばらくの間、僕は茫然と立ち尽くしていた。

ポケットには煙草屋《たばこや》で購入したトラム（路面電車）の一週間パスしか残っていな

い。仕方なくトラムに乗り、美術評論家のフィンランド人から間借りしたアパートまで戻り、ベッドに座り、落ち込んだ。

しかし、いくら落ち込んでも腹は減るのである。封筒から再びリラ紙幣を取り出し、街に出ることにした。日伊辞典は置いていき、『地球の歩き方』は地図の部分だけを破いて折り畳み、ポケットに入れた。

記念すべき一人旅の初日の昼飯くらい、豪勢にいこうと思っていたが、ミサンガで支払った代償は大きい。気分的に節約モードになり、繁華街の通り沿いにあったイタリア版サンドイッチ「パニーニ」のファストフード店に入った。店員が言っていることがまったくわからず、たかだか生ハムとトマトを挟んだホットサンドとコーラを購入するだけでも、四苦八苦である。店員のため息と、後ろで待っている人のイラつき具合が気になり、釣銭と残ったリラ紙幣を、ジーンズのポケットに無造作に突っ込み、逃げるように客席についた。再び落ち込む。

しかし、根が単純なのか、体内に食べ物を入れると、すぐに気力が回復してくる。映画『ローマの休日』で知られるスペイン広場に行ってみようと思い立ち、切り取ってきた地図で通りの場所を何度も何度も確かめ、地図を見ないでも行けるようにしてから店を出た。

歩き始めるとジーンズのポケットに突っ込んでいたリラ紙幣に違和感を覚え、ジャンパーのポケットに無意識に入れなおした。

前から汚れたマントを羽織ったジプシーらしき中年女性二人組が歩いてきた。すれ違う際、彼女たちは僕の両脇を挟むようにして別れた。左手の二の腕部分につねられたような痛みが走る。「いたっ」と思わず声をあげたが何が起きたのかわからなかった。

後ろを振り返ると彼女たちは走り去っていった。その時、「はっ」として、ポケットに手を突っ込むと紙幣がなかった。掏《す》られたのである。結局、スペイン広場には行かず、アパートに戻り、ひたすら落ち込んだ。

それから二週間が経った。ローマで洋服店を営む友人の日本人女性テッシの家で、彼女の友人で職業がよくわからない、なんでも屋のイタリア人男性エミリオと一緒に昼食をとっていた。テッシがミートソースのパスタを作ってくれ、エミリオが自家製のチーズとペットボトルに入れたワインを持ってきてくれ、長い時間をかけて食事するイタリア式ランチだ。

人間とは順応する動物である。僕はこの二週間でふてぶてしくなっていた。一通りローマの観光を終え、靴職人の店で革のサンダルを注文し、映画館でイタリア映画を観て、美容室で髪の毛を真っ白にするなど、ローマの日常生活にも足を踏み入れていた。テッシとエミリオのおかげが大きいのだけれど。

エミリオが持ってきたワインの荒々しい渋みが美味《おい》しく、チーズやミートソースにもよく合う。彼はペットボトル内に残っている空気がワインを美味しくしてくれるのだと持論を述べ、テッシは、イタリア人は美味しい物を安く口にすることをよく知っていると褒めた。

食事の時間の長さと飲むワインの量は比例する。次第に酔いもまわり、酔えば酔うほど声が大きくなっていく。

彼も彼女も口が悪くなっていき、今度はイタリアの政治や人に対する批判が始まった。挙句には、そんなどうしようもないイタリア人たちに金を巻き上げられた僕は本当に間抜けな奴だと言われる始末である。

「じゃあ、これからナヴォナ広場で大道芸をしてお金を取り返す！」

酔っぱらった僕は叫んだ。当時、日本で大道芸を使った子供ショーをしていたので、ローマでも、ひょっとしたらやる機会があるかもしれないと思い、白塗りの道具と、風船で動物を作るマジックバルーンをトランクに入れてきていた。初日に金を巻き上げられたナヴォナ広場はレベルが高い大道芸人が集まり、本来、僕のようなレベルの低い大道芸では太刀打ちできるような場所ではないが、酒の勢いを借りて挑戦することにしたのである。

客の注目を集めるために、ピエロになるところ、つまり顔を白く塗るところを見せることから始めた。ピエロへの変身は、一般の人々、特に子供たちにとっては、未知の世界のようで、顔を白く塗り始めると珍しい動物でも見るかのように、徐々に周囲に人が集まり始めた。

大道芸人であれば、人が集まったところでショーを始めるが、僕はメイクを終えるとテッシに頼んで集まってきた子供から好きな動物を聞きだし、それをマジックバルーンで作って、そのままプレゼントした。ショーとして見せるのではなく、希望者すべての子供に風船を作ることにしたのである。「次、クマ入りました」とテッシが注文をとり、「あいよ」と僕が作って手渡す。

あっという間に長蛇の列ができた。エミリオが僕の前にアディダスのスニーカーが入っていた空の靴箱を置き、間借りしていたフィンランド人の美術評論家も合流し、写真を撮ってくれた。一時間程度で箱はリラ紙幣であふれた。大成功である。

箱に集まった投げ銭で、みんなで夕食を食べにいくことにした。しかし、箱の中を数えてみると日本円にして一万円程度。微妙である。四人で酒を飲んで食べるには少ない。

「あそこならイケるかも。ちょっと怪しげな店だけどね」

テッシが腕時計を見ながら、そうつぶやいた。

ナヴォナ広場から少し離れたトラステヴェレ地区までトラムで移動し、一軒家を改造したような店へ連れてきてくれた。看板も出ておらず、とてもレストランには見えない。白い木の扉を入ると壁にかけられたコルク板がある。メニューが貼られているのかと思いきや、手書きをコピーしただけのアマチュアコンサートや語学教室の案内チラシが貼られていた。なにやら集会所のような雰囲気である。白いワンピースを着た顔色があまりよくないイタリア人女性が弱々しい笑顔で出迎え、席まで案内してくれた。

店内は木のテーブル席が八つほどあるカフェのような、こぢんまりした空間である。客は誰もおらず、店内にはグレゴリオ聖歌のような厳《おごそ》かな音楽が流れていた。

メニューはコース料理だけで、ワインも銘柄は選べず、白か赤の二種類。テーブルの上には、ナイフとフォークの間に、讃美歌の楽譜のコピーが置かれている。なんとここは新興宗教が経営しているレストランだった。確かに壁には十字架がかかった祭壇らしきものも見える。席を案内してくれた女性店員も信者なのだろう。

「一回来てみたかったのよ。ただ、一人じゃ怖くて来られないでしょ？　でも、友達の話だと安い割に結構美味しいらしくて人気があるのよ。讃美歌を歌うまでは料理も出てこないらしいけどね」

彼女が言うように、それなりに人気店のようで、老夫婦や若いカップル、家族連れまで客は続々と入ってくる。信者なのか、我々のように食事が目的なのかはわからない。

それぞれが席に座り、テーブル席が半分以上埋まった頃、店内の音楽がいったん止まり、アナウンスが流れた。客席に座っている全員が立ち、讃美歌を歌い始めたのである。もちろん我々も歌う。

席に案内してくれた女性も、他の客席係の女性も、両腕にフリルのような物をつけ、讃美歌に合わせて踊り始めた。バレエと舞踏を合わせて二で割ったような不思議な踊りである。十字架の前で踊っていたかと思うと、客席と客席の間を通り抜けるようにしてステップを踏む。

祈りの時間が終わると、再びグレゴリオ聖歌風の音楽が流れ、彼女たちはフリルの腕飾りをはずし、何事もなかったかのように、それぞれのテーブルに料理を運び始めた。

スープと野菜サラダ、そして、鶏肉を煮込んだメインディッシュと、確かに、どれも美味しい。聖歌を聞きながら味わう料理は、最初は不思議な感覚だったが、次第に、BGMにしか感じられない。我々は、軽めの赤ワインを飲みながら、僕がスカウトされた話で盛り上がっていた。

大道芸を終え白塗りのメイクを落としていると、サスペンダー姿の太った中年男性に声をかけられた。彼は劇場のプロデューサーだと名乗り、劇場でショーをやってみないかと言うのだ。しかし、僕は翌日から、ミラノ、ヴェネチアへ旅に出ることになっていたので、再びローマに戻ってきたら改めて劇場を訪ねて詳しい話を聞く約束をしたのである。

その夜から一週間後、ヴェネチアから戻り、テッシに付き添ってもらい劇場に向かった。ローマデビューのシンデレラストーリーを思い描いていたが、劇場にそのプロデューサーはいなかった。

「やっぱりそうか……」

彼女は、つぶやいた。あの日、サスペンダーの男は舞台に上がるために手付金で日本円にして一万円ほど必要だと言ったらしい。きっと箱の中のリラ紙幣を狙っていたのだろう。つまり詐欺師《さぎし》だったのである。またしても、金を巻き上げられるところだった。

ワイロを学ぶ日本人と暗殺の値段を教える警察官

ウラジオストック・ロシア

ロシアでウランを買いつけ、東南アジアに売っているのだそうだ。僕の「旅行ですか？」の質問に対する韓国人男性の答えである。歳の頃は三十代半ばくらいだろうか。彼のジーンズのポケットは、札束のまま突っ込まれたルーブル紙幣で膨れ上がっていた。カウンターの中に立つロシア人の中年バーテンダーは、つまらなそうにテレビを眺めている。

僕は宿泊していたウラジオストックの国営ホテルの中にあるバーで飲んでいた。カウンターとテーブル席が数席あるだけの薄暗いバーは、おそらく街中にあったら入らなかっただろう。「国営」という安心感のある言葉に、一人で入る気にさせられたのだと思う。

「その隣、そうそう、それ、それ」

身体を乗りだし、カウンター越しの壁に並んでいるビールを日本語で指差し注文していると、帰ろうとしていた韓国人男性が「ニホンジン?」と声をかけてきたのである。

彼は、かなり酔っぱらっていた。片言の日本語で、僕には馴染みのない世界の話を立ったまましてくれた。

「ウラン　モウカリマス」

彼は最後に、そう言い残してバーを出ていった。店内の客は、僕一人だけになり、ぬるいビールをすすりながら、「ウラン」という物騒なイメージしかない物質のことを考えた。東南アジアに持っていって何をするのだろう。

それにしても不味《まず》い。水で薄めたようなビールは、薬品のような後味が口の中に残る。「バルチカ」という大会社のビールは美味しかったが、見たことのない銘柄のビールは、今のところ全敗である。ロシアがソ連と呼ばれていた時代、「この国のビールは馬の小便より不味い」と評されたという話は、まんざら嘘でもないかもしれない。

昼間、僕についてくれている通訳の女子大生は、ロシア人にとって、ビールはソフトドリンクの部類なので、酒としてのクオリティは低くても仕方がないと言っていた(その後二〇一一年、酒税法が変わり、アルコール飲料として認められた)。

ロシアで酒といえば、ウォッカなのだ。

Tシャツの裾《すそ》をジーンズにしっかり入れ込んだ中国人らしき二人組の男性客が入ってきてテーブル席に座った。ロシアで飲んでいるのに、なぜか店に入ってくる客はアジア人ばかりである。ウラジオストックという地理的な理由なのか、今日がたまたまなのかはわからない。次に入ってきた客もアジア系だった。スーツ姿の小柄な中年男性で、僕と一つ席を空けてカウンター席に座った。

天井から吊り下げられたテレビに芸術祭のニュースが流れている。新潟空港から僕が一緒の飛行機に乗ってきた岩手県のさんさ踊りのグループが舞っている映像だった。僕も、その芸術祭に大道芸人として参加していたのである。盛岡に住む編集者の友人から、「ウラジオストックで芸術祭があるんだけど行かない?」と誘われ、最初はプライベートで見に行くつもりだったが、何度かメールをやりとりしているうちに大道芸人として行くことになってしまったのである。衣装や小道具など持っていく荷物は多くなってしまったが、現地で芸術祭側が女子大生の通訳をつけてくれた。

となると、ニシンの酢漬けを注文する時も、サーカスの入場券を買う時もすべて彼女に頼ってしまう。品薄のデパートで、領収書を挟むクリップがわりの洗濯バサミを一つ買う時でさえ、彼女はついてきて通訳してくれた。そういった旅は、便利だが何か物足りない。僕の場合、たとえ恥をかいても、多少痛い目にあってでも、一人で過ごさないと、上辺の記憶しか残らない。だからというわけではないが、通訳が帰ってから、手始めに一人でバーに来てみたのである。

横からスーツ姿の男性の視線を感じた。テレビを観ているのかと思ったら、僕を探るように見ているのである。人懐こい笑みを浮かべ、会釈してきたので、僕も会釈すると彼は立ち上がり、近寄ってきた。

「日本の方ですか？　やっぱり。会釈で日本人ってわかるんですよ。わぁ。嬉しいなぁ。ウラジオストックって近いのに、なかなか日本人に会えないんですよ。旅行ですか？　芸術祭ですか？　あぁ、さっき、テレビで流れてたやつだ。じゃ、今、たくさん日本人が来ているんですね」

日本語に飢えているかのように、僕の答えに食い気味で、どんどん話す。

彼は日本の某会社のウラジオストック支店に勤めていると自己紹介した後、隣に座って一緒にビールを飲み始めた。

「簡単に言えば左遷ですよ。もう五年目です。家族も一年一緒にいただけで、日本へ逃げ帰っちゃいました」

ケタケタ笑いながら言う。

「これだけいると、ワイロに慣れて当たり前になるんですよねぇ」

どこまで冗談なのか、判断がつかない。相槌に困り、笑って聞き流すしかなかった。

入り口に制服姿のロシア人の中年男性が見えた。

「警察官ですね。用心棒代を請求しているんだと思います。何かあった時に店を警察に守ってもらうという……まぁ、あれもワイロの一種ですよね」

やはり、僕は笑うしかなかった。

「あっ？　嘘だと思っているでしょ？　ホントですよ。じゃ、お見せしましょう。ちょっと見ていてくださいね」

彼はポケットからルーブル紙幣を出し、バーテンダーと会話中の警察官のところに向かった。

掌《てのひら》にルーブル紙幣を挟むようにして警察官にロシア語で話しかけながら、僕の方をちらっと見た後、握手を交わした。警察官は日本人男性から受け取ったルーブル紙幣に目を落とすこともなく、ズボンのポケットの中に放り込むと彼と一緒に戻ってきて、僕の隣に座った。

「信じてくれました？　世界にはこういう場所もあるんですよ」

日本人男性は、バーテンダーに警察官へ飲み物を出すようロシア語で注文し、手慣れた手つきでルーブル紙幣を渡した。僕のことを芸術祭に来ている旅行者だと紹介してくれたようだ。

しばらくは「ウラジオストックは楽しいか？」「何を食べたか？」など、現地の人と旅行者の間で交わされる、ごくありきたりの質疑応答が繰り広げられた。職業を聞かれ、「なんて言えばいいのかなぁ？」とスーツ姿の日本人男性は、ロシア語に身振り手振りを交え大道芸人と伝えていた。

「せっかくだから、何か聞きたいことがあれば通訳しますよ」

警察官は、水色のシャツの一番上のボタンをはずし、ビールを飲みながら、煙草を吸い始めた。場が馴染み始めたということもあるのだろう。もちろん、スーツ姿の日本人男性の存在が大きかった。彼は道化師のように空気を読んで、おどけるようにして場を回すことがうまかった。彼と一緒ということで僕も気が大きくなり、大胆な質問をした。

「ロシアに殺し屋がいるって聞いたんですが、ホントですか？」

彼は、「思い切ったこと聞きますねぇ」と笑いながら通訳した。警察官の答えを聞いた彼は、大袈裟に肩をすぼめた。

「誰を殺したい？　って言っているよ」

そう通訳した後、ケタケタと笑った。警察官を見るとニヤリと笑っている。しかし、目は笑っていないので真意が読み取れない。からかわれているようにも思ったが、ルーブル紙幣の受け渡しを、この目で見た後である。

「いやいや、暗殺の値段って、いくらくらいなのかなぁと思っただけです」

焦ってそう答えると、また通訳してくれ、それに対し、迷うことなく即座に返答がきた。五千ドル（約六十万円）と具体的な金額だった。ルーブルではなくドルというところに、信ぴょう性がある。僕が「安いなぁ」とつぶやくと、警察官は、僕が高いと言っていると思ったらしく、三千ドルでも請け負う人はいると付け加えた。五千ドルはマフィアに所属している人間の価格設定なので、確実に殺すが、三千ドルはフリーランスの相場で、アマチュアの場合もあり、失敗するかもしれないと言うのだ。ここまでくるとリアリティが感じられず、むしろ笑えてくる。

警察官はビールを一本飲み干すと彼と握手をして店を出ていった。まだまだ用心棒代の回収があるのかもしれない。

「日本とウラジオストックって東京から広島までと距離変わらないんですよ。それなのに、これだけ価値観が違うんです。北方領土問題が、そんな簡単に解決するわけがないですよ」

スーツ姿の彼は、しみじみと言いながら、ビールをすった。その晩はロシアのビールの味が気にならなくなるほどしこたま飲んだ。彼は、ロシアにはマフィアが多いこと、国営だと聞いていた僕の泊まっていたホテルは、フロアごとにオーナーが違うこと、ルーブルよりドルが喜ばれることなどロシアの裏社会のさまざまなことを教えてくれた。

その後、滞在中に彼と会うことは二度となかった。しかし、暗殺の値段を教えてくれた警察官とは再び会うことになる。

宿泊していた部屋に泥棒が入り、カメラを盗まれてしまった時のことである。盗難保険には入っていたが、保険会社に提出する盗難届の書類が必要である。警察に行けば、すぐもらえると思ったが、そうでもないらしい。

「明日、帰国ですよね？　ウラジオストックの警察で書類を今日中にもらうというのは難しいかもしれません」

芸術祭でコーディネーターとして入っていた日本人男性はそう言い、通訳の女子大生も、神妙な顔でうなずいていた。

釈然としないまま、ホテルのロビーから部屋に戻ろうとした時だった。バーで一緒に飲んだあの警察官が目の前を歩いていたのだ。彼も僕に気づき、僕が手を振るとにやりと笑った。

通訳に彼と一緒に飲んだ話をすると、盗難届の件、聞いてみましょうと言ってくれた。通訳を連れて彼に声をかけ、事情を話すと、警察署で訪ねていくべき人を教えてくれた。自分の名前を出せば、彼の仲間の警察官が世話をしてくれるだろうとまで言ってくれたらしい。

正直、あまり期待はしていなかったが、通訳と二人で警察に出かけていった。ロシアの警察署など、二度と行くことはないだろうから、中を見ておきたかったということもある。

カウンターの向こうに机が並び、日本の警察署もしくは役所とさほど変わらなかった。ただ、自分から呼びかけないと誰も相手をしてくれなさそうだ。通訳が一人の男性に声をかけ、教わった人の名前を出すと、男性はその場から呼びかけた。面倒くさそうに出てきた若い男性は、通訳が警察官の名前を出すと、二階の取調室のような場所に案内してくれた。

日本でも入ったことのない取調室にロシアで入るとは思ってもみなかった。簡素な机が一つとパイプ椅子が置いてあるだけの、テレビで見たままの殺風景な部屋である。

さっきとはまた別の若い警察官が二人入ってきて、僕たちの前に座った。そして、通訳の彼女と彼らでロシア語の会話をひとしきりしていた。

「ココニ　ジュウショ　パスポートバンゴウ　ヌスマレタモノ　ヲ　カイテクダサイト　イッテ　イマス」

質が悪いわら半紙と鉛筆を渡された。紙には何も書かれておらず、書式らしきものは何もない。ローマ字で住所や名前、パスポート番号、盗まれた物と場所を箇条書きで書き込んだ。

僕が書き込んでいる間も警察官たちは彼女に話しかけていた。書き終わって顔を上げると通訳の彼女の顔は真っ赤になっていた。

「ウミニ　イコウ　ト　サソワレテイマス」

取調室でナンパである。日本では考えられない。しかし、これくらい緩い方が時にいいこともあるような気もする。

約一時間後、署長のサインが入った盗難届をもらうことができた。スーツ姿の男性のワイロが、こんなところで生きるとは思ってもみなかった。世の中とは、特にロシアでは、何が繋がり、何が助けになるかわからないものである。

ジンの栄養ドリンク割りは気をつけろ！

ロンドン・イギリス

無料航空券を使ってロンドンに来ていた。マイレージが貯まったわけではない。オーバーブッキングの恩恵を受けたのだ。オーバーブッキングとは、キャンセルを見越して予約を多めに取っているなど航空会社側のさまざまな理由により、当日、座席数が足りなくなってしまった状態のことである。

前回、ロンドンに行った際、チェックインカウンターの受付の女性から「他の航空会社の便に替わっていただけないでしょうか？」と頼まれた。変更前も後も英国の航空会社で、発着時間も数十分程度しか変わらない。今一つ、よくわからないいま、「いいですよ」と答えた。すると、お礼に、その航空会社から、ロンドンまで、もう一往復分の無料航空券をいただいたのだ。

有効期限は決まっていたが、僕のような自由業は、お金はなくても時間はある。

数カ月後、特に目的もなく、予定も決めず、再びふらりとロンドンに飛び、ミュージカルや美術館を堪能しながら、ぶらぶらしていた。

前回の滞在時、仲良くなった現地在住の日本人女性とも連絡を取り、おススメの舞台を聞き、そのついでに飲む約束をした。舞台女優を目指してロンドンに渡った彼女は、劇場の受付のアルバイトをしながら、現地の演劇学校に通い、オーディションを受けながら舞台に立つチャンスをうかがっている。

待ち合わせ場所は彼女のアルバイト先の劇場だった。舞台の終演時間は遅いので、会う前に食事は済ませておくように言われていた。彼女は節約と体形維持を兼ね、夕食はあまりとらず、舞台の空いた時間にビスケットかチョコレートで済ませてしまうことが多いそうだ。

ロンドンの一人メシは、難しい。食文化は世界的にも知られるように豊かとは言い難く、いまだに名物はフィッシュアンドチップスだけ。二十一世紀に入り、美味しい店も多くなってきているが、そういった店は値段も高めで、一人で入るには抵抗がある雰囲気だったりする。インド人街やチャイナタウンの店も美味しいが、カレーや中華はわざわざ地下鉄を乗り継いで食べるほどのものでもない。

結局、ドーナツとサンドイッチとビールを買って部屋メシになった。

彼女が連れていってくれたのは、パブではなく、クラブだった。その時間から遊びに行くとなると、午後十一時くらいから始まるクラブが、ちょうどいいのだそうだ。五ポンド程度の入場料で入り、最初の一杯は頼んだとしても、後は飲み物を頼んでも頼まなくても、時間を気にしないで、どれだけでもいられる。

クラブによく行くかと聞かれ、日本では何年も行っていないと答えた。ただ、海外であれば、雑誌の取材でシンガポールのクラブに行ったばかりだった。シンガポール特集の中で、シンガポール人映画監督がおススメするナイトカルチャーの一つが、ゲイが集まるクラブだった。テクノに合わせスキンヘッドの男性がバレエを踊り始める舞台や、フロアに男性だけが密集した光景は、一生、忘れないであろう。

彼女には言わなかったが、僕はクラブというものが苦手である。クラブ自体が苦手というよりは、帰りが真夜中、もしくは明け方になることが嫌なのだ。踊りまくって気持ちよく朝帰りしたことは何度かあり、それはそれで楽しい。しかし、たいてい次の日は使い物にならない。しかもそれが歳を取るごとに、次の日だけでは済まなくなり、何日も疲れが残り、具合が悪くなったこともある。

子供の頃から僕は身体が弱く、ポンコツ具合がわかっている。うまく乗りこなすためには早寝早起きが、一番、いいことを、年月をかけて覚えていったのだ。

とはいえ、ロンドンといえば、世界屈指のクラブカルチャーの街である。一人だったら、まず入らないだろうが今回ばかりは、ありがたい機会として喜んでついていくことにした。

雑居ビルの地下へと下りていくと、入り口で年齢確認のためIDの提示を求められた。僕はパスポートを携帯しておらず、財布の中の日本の免許証を差し出した。どう見ても中年のおっさんなので許してもらえたようだ。彼女曰く、欧米人から若く見られる日本人女性は、酒を取り扱う場所でのIDは必需品らしい。

広い空間の中で時折、フラッシュが焚《た》かれ、スピーカーから流れる大音量の音楽をイメージしていたが、想像していたそんなクラブとは違った。こぢんまりしていて、パブの延長のような感じである。DJバーと呼ぶらしい。DJがこだわって音楽を流しているのはクラブと変わりはないが、会話ができるくらいの音量で、店内には踊るスペースもあるが、立ち飲みスペース用のテーブルも多く、ソファ席もある。踊っている人より音楽に耳を傾けながら身体を揺らしているだけの人の方が多い。バーなどで注文しないで居座っているより、気兼ねなくゆっくり話すことができそうだ。

彼女は一杯目にビールを頼んだが、僕は部屋でビールを飲んできていたので別の物を頼むことにする。ロンドンのクラブで流行っている飲み物を彼女に尋ねると、ジンを栄養ドリンク「レッドブル」で割った飲み物だと教えてくれた。今でこそ馴染み深い栄養ドリンクだが、当時日本ではまだ売られていなかったと思う。少なくとも僕は知らなかった。

イギリスはビールやスコッチだけではなく、ロンドン・ジンを誇る国でもある。杜松《ねず》の実で香りづけされているので、昔は、松脂《まつやに》くさくて嫌いだったが、ロンドン塔の衛兵隊が描かれたジンのボトルは、部屋に置いておくと様になるので、学生時代、飲みもしないのに棚に何年も飾っていた覚えがある。しかし、何度か飲んでいるうちに、クセのある香りが好きになってきた。

栄養ドリンク剤で割るというのも、長そうな夜には、ぴったりである。カウンター越しの若いバーテンダーに紙幣を渡し、ロンドン・ジンのレッドブル割りを手にした。ジン独特の風味は薄れるが口当たりがよく飲みやすい。

彼女に改めて最近のロンドンの舞台事情を尋ねた後、彼女自身の話も聞いた。女優を目指す先としてアメリカを選ばなかったのは、イギリス英語で台詞《せりふ》が話せるようになりたかったからで、最近、舞台照明の仕事をしている恋人もでき、公私ともに充実しているらしい。

その恋人が舞台関係の友人を連れて現れた。一人はアメリカから来ている若い男性俳優、もう一人は演出家を目指している女性だった。

これはまずい展開である。僕は人見知りが極度に激しい。「そんなふうに見えませんよ」とよく言われるが、それは、取材などを通して一対一か僕の友人が多い飲み会で出会ったかのどちらかである。知らない人が多い飲み会やパーティーでは、ほとんど話せなくなってしまう厄介な性格なのだ。

しかも英語しばり。彼女はまったく口を開かなくなってしまった僕のことを気づかい、「大丈夫ですか?」と日本語で話しかけてくれていた。彼女も仕事終わりで疲れていて、しかも恋人との大切な時間でもあるのだ。彼女に話しかけられるたびに申し訳ない気持ちでいっぱいになるが、こればかりはどうしようもない。話そうと思えば思うほど、焦って、さらに話せなくなる。

周囲のメンバーも気をつかい、「おっ? レッドブル割り? いいもん飲んでいるねぇ」といった感じで笑顔で話しかけてくれる。「これは美味しいです」と中学校の教科書に出てきそうな英語で答え、グラスに手をやる。当然、会話は長く続かない。手持無沙汰になるたびに、また飲み物に口をつけ、あっという間にグラスは空になる。そして同じ物を買いに行く。酒に強くもないのにピッチを考えず、ぐいぐい飲んでしまった。

演出家志望の女性が踊り始め、僕も踊ることにした。人見知りモードでの会話か下手な踊りかであれば間違いなく踊りを選ぶ。

踊れば踊るほど、アルコール度数四十度のジンは身体中を駆け巡り、踊っているのか、足元がふらついているのか、次第にわからなくなっていった。そして、その後の記憶が飛んでいる。

翌朝、目覚めると、彼女のアパートのリビングの絨毯《じゅうたん》の上だった。周囲を見渡すと全員、雑魚寝《ざこね》している。喉がカラカラに渇き、頭がガンガン響くように痛い。二日酔いである。

踊りまくっていたこと、全員で深夜バスに乗ったこと、みんなとずっと笑っていたことくらいしか覚えていない。それも、ぶつ切りの記憶である。

絨毯の上には、正方形の小さなメモ用紙が何枚か散らばっていて、それぞれに奇妙な漢字が書かれている。僕の汚い筆跡だった。その時、再びぶつ切りの記憶がよみがえる。確かに漢字を書いた憶えがある。

「大丈夫ですか？」

ソファベッドから彼女の声がした。「大丈夫じゃないみたいです」と答えると彼女は、かすれた声で笑った。

どうやら僕は彼女の部屋に到着した時には完全に壊れていたらしい。出会った記念にみんなの名前を漢字で書いてあげると言って、彼女からメモ帳をもらい、頼まれてもいないのに書き始めたらしい。

近くに落ちていたメモ用紙には、「栗酢茶奈」と書いてある。演出家志望の女性「クリスティーナ」の当て字を書いたのだろう。

「駄馬」と書いてあるメモ用紙もある。アメリカから来ている俳優「ダファ」の当て字のようだ。

「通訳するの大変だったんですよ」

どうやら僕は、「お前は、駄目な馬だぁ」と言いながら書いたようだ。「どういう意味?」と彼女はダファから聞かれ、さすがにそれは彼女も通訳できず、「ダークホース」でごまかしたそうだ。なぜ、「ファ」を馬と書いたのかはわからない。彼の顔の第一印象が長くて馬のように感じたからだろうか。

彼女と会話しているとダファが目を覚ました。僕の顔を見ながら、彼もかすれた声で笑っていた。顔から火が出るほど、恥ずかしい。穴があったら入りたい……が、いま穴に入ったら吐いてしまいそうだ。

朝も昼も立ち飲み屋

マドリード・スペイン

地図が読めないから方向音痴なのか、方向音痴だから地図が読めないのか、ともかく方向音痴で地図が読めない男である。よって、新しい街で土地勘をつけることは至難の業《わざ》だ。

ただ、歳を経たせいか、開き直った。基本は一人旅、誰かを案内しなくてはならないわけでもないし、街に詳しくなる必要もない。滞在中に土地勘ができればできたでいいし、迷ったら迷ったで、その時の街歩きの出会いを楽しめばいいと割り切るようになった。

スペインの首都マドリードに夜、到着し、翌朝八時頃、地下鉄に乗り、なんとなく繁華街の一つソル駅で降りた。日本の通勤電車のようにぎゅうぎゅう詰めではないが、スーツ姿の男性や女性など通勤客であふれる朝の地下鉄の風景は変わらない。

彼らの後について、地上に出る。土地勘はまったくない。さて、どっちに歩くか。

朝のコーヒーが飲みたい。人の動きや建物の雰囲気を感じながら歩き始める。スペインのビール「マオウ」の瓶の写真がラッピングされたトラックがスピードを落として細い通りへ入っていった。追いかけるようにして、その通りに向かう。石畳の通りにシャッターが下りている店がずらりと並び、通りに人影はほとんどない。夜の賑わいの後のくたびれた空気が漂っているように見え、飲み屋街の匂いを感じる。

先ほど見かけたビールのトラックが停まっていた。少し先には、イベリコ豚らしき骨付き生ハムの写真がプリントされたトラックも見える。豚の後ろ脚を切り離した状態の生ハムの塊は、ウクレレなど弦楽器にありそうな形をしている。

トラックの先に、猫背の小太りの中年男性とベレー帽をかぶった中年男性が二人続けて入っていく建物があった。奥行きのあるコの字型の立ち飲みバールである。トラックの写真のようなイベリコ豚の骨付き肉が、壁一面にずらりと並び、天井からも吊り下がっている。値段も書かれているので売られているのだろう。

店の雰囲気はいいが、入ることには躊躇《ちゅうちょ》する。店員と入っている客の数のバランスがちょうどいい塩梅《あんばい》で、会話が弾んでいるように見え、僕が入ることでその空気

イベリコ豚の後ろ脚を熟成させた生ハムがずらりと並ぶ

を壊すような気がして入りづらい。しかし、土地勘のない僕が、再びこの店にたどり着ける保証はない。気合を入れて、中に入ってみる。誰一人、僕を見るものはいない。世の中の人は思っているほど、自分のことなど見ていないのだ。

太った中年男性の一人客と細身の若い男性の一人客の間に立った。カウンター越しに白いシャツに青いベストを着た背の高い中年男性の店員が、スペイン語の「オーラ」ではなく、「ハロー」と声をかけてくる。観光客にも慣れている感じだ。

店に入るまではコーヒーが欲しかったが、太った男性が生ビールのグラスを置いたのが見え、「ビア」と言って、彼の生ビールを指した。ビールのスペイン語「セルベッサ」は、まだ口に馴染みがなく、咄嗟《とっさ》に出てこない。

ビールが出てくるまでに食べ物を選ばなくてはならない。カウンターの上に照明で照らされた写真のメニューが貼られている。皿の上で花びらを描くように並べられた生ハム、メロンが載った生ハム、そして、ボカティージョと呼ばれるバゲットのようなパンを使ったスペイン風サンドイッチの写真が六つ並んでいる。クロワッサンやトーストに挟んだサンドイッチの写真は一つずつで、しかも端の方に追いやられていた。サンドイッチといえば、ボカティージョの国なのだ。六つ並んでいる写真のパンは同じなので、挟んである具材の違いなのだろうが、僕には、すべて同じハムにしか見えない。

迷っているうちにシルバーのカウンターに生ビールが置かれた。「ほかに何かいる?」といった感じで店員は少し首をひねり、眉毛をあげる。周囲を見渡し、ベレー帽の中年男性が食べているボカティージョを小さく指す。

ニコラス・ケイジに似た店員は目を大きく開け、「それはいい選択だ」と言わんばかりに細かくうなずいた。

予想外に口をつけることになった朝ビールが、うまい。ただ、朝にしては量が多い。日本だったら中ジョッキとして出す店もありそうだ。

後から入ってきた三人組の男性が「カ」で始まる単語で飲み物を頼み、生ビールが出てきた。少なくとも「セルベッサ」とは言っていなかった。そういえば、以前、マドリードに立ち寄った際、「セルベッサと言うと瓶ビールが出てきちゃうんだよね」と言っていた友人の笑顔を思い出す。

一応、二度目のマドリードなのである。ただ、一度目は、フランスのカンヌに向かう前に一泊、立ち寄っただけ。マドリードに住んでいたことがある日本人女性が予約してくれた高級レストランで食べた創作料理とソフィア王妃芸術センターで眺めたピカソの「ゲルニカ」、後はマドリードの空港で財布を落とした記憶くらいしかない。

シンプルな白い皿に載ったボカティージョがカウンター越しに手渡された。コッペパンサイズのバゲットに長くて厚いベーコンのようなイベリコ豚が二枚挟んである。皿の上には焼いたことで溢れだした肉汁が何滴も垂れていた。

外はパリッとして中は柔らかいパンと温かいハムのコンビが絶妙である。コーヒーじゃなくてよかったかもしれない。ビールによく合い、多いと思っていた量も気にならず、ぐいぐい飲めてしまう。

カウンターには、誰でも飲めるかのようにサングリアらしきものが入ったガラスのポットが置かれ、その脇には誰でもつまめるかのようにボウルにたっぷり入ったオリーブもある。どういった会計システムなのか想像がつかない。滞在中、こういった店に何度か通っているうちにわかってくるのだろう。

手持ちの一番大きな二十ユーロ紙幣を出すと、お釣りが十ユーロ以上返ってきた。小銭の一部をチップ代わりにカウンターに置いて店を出た。

ほろ酔い気分で再び歩き始める。ホームに熱帯植物が密集していて、植物園のような雰囲気のマドリード最大のアトーチャ駅、ゴヤの作品が多く所蔵されているプラド美術館、スペイン映画とハリウッド映画が上映中の映画館、フラメンコの写真が飾られている小さな劇場など、周囲の建物や風景を確認しながら、滞在中のスケジュールも組み立てていく。

マヨール広場に到着する頃には昼近くなっていた。一階部分がアーチ状の回廊になっている四階建ての建物が、石畳が敷き詰められた広場の周囲を囲んでいる。旅行者のブログでここに大道芸人が集うという記事を読んだが、まだ、大道芸人の姿はない。一部の場所に舞台のような小さな箱と大道芸道具がぽつんと置かれている。きっと場所取りなのだろう。

広場は独特の雰囲気が漂っていた。歴史物のヨーロッパ映画で公開処刑が行われるシーンで出てきそうな場所で（実際、この場所で公開処刑が行われていたこともあるらしい）、広場の中央には、この広場を創ったフェリペ三世の騎馬像もある。前脚を上げた馬の像を眺めていたら、闘牛を観に行きたかったことを思い出し、イベリコ豚はあるのに、イベリコ牛はないのかなぁ、イベリコ豚の中には、どんぐりを食べさせる豚がいるという話を聞いたことはあるが、牛がどんぐりを食べる姿は想像できないなぁなど、とりとめもなく牛のことをしばし考えていた。

まだしばらく大道芸は始まりそうにない。いったん広場を出ると、観光客もかなり多くなり、街は昼の顔になりつつあった。到着した時は閉まっていたデパートも開店したようだ。

緩やかな下り坂のカーブのところに店から人があふれ出ている。三十人、いや、もっといそうだ。若者が多いが、高齢者も見かける。地元客が多そうだが、観光客らしき人もいる。またもや立ち飲み屋のようだ。揚げ物のフリットをつまみにビールやワインを飲んでいる。外で飲んでいる人たちは、椅子もテーブルもない。まるでコンビニで缶ビールとから揚げを買って、立ったまま飲んでいるようなカジュアルな雰囲気だ。これだけ人があふれていると店に入ることに抵抗はない。

木目調の店内は歴史を感じさせる威厳があった。店内は、小さな照明が飾り程度に灯っている。立ち飲み用のカウンターが壁沿いにあり、一応、二人用の机席もあるが、数は少なく、競争率が高そうで、一人飲みで使用することは難しそうだ。入って右側にレジが置かれたカウンターがあり、その奥に厨房《ちゅうぼう》が見え、フリットを揚げている。レジ前に立つ小太りのおじさまが、流れ作業のように淡々と会計をし、その隣に立つ背の高い若い男性が、トレイからフリットを皿に載せて出している。どうやら客がフリットの数を告げることによって金額が決まるようだ。フリットの中身もわからなければ、一つあたりの値段もわからない。レジのあるカウンターと平行に並んでいるので、順番が近づくにつれ、前の人たちの注文する姿とやりとりされる紙幣を注意深く眺めながら割り算に神経をとがらせる。しかし、お釣りをいくら渡しているのかがわからないため、想像がつかない。フリット十個を頼み、二十ユーロ紙幣を出す人がいた。それで、おつりがきているということは、少なくとも一つ二ユーロはしないということである。

僕の番になり、四の数字を告げ、十ユーロ紙幣を出す。おじさまが淡々と受け取り、返してきた小銭をすばやくジーンズのポケットに入れ、隣の若い男性店員の前に移動する。彼は皿に四つのフリットを載せ、それぞれに爪楊枝を刺して手渡してくれる。

ベルトコンベアのように奥に進むと、今度は飲み物を注文する。喫茶店やファミレスで出てくるお冷《ひや》くらいの大きさのコップがずらりと並び、野球場の生ビールの売子のお姉さんたちがビールを注ぐシャワージェットのような注ぎ口から浴びせるように注いでいく。多少こぼれたって構うものかといった感じである。その隣には注がれた状態のグラスワインも並んでいた。

ビールを指差し、再び十ユーロ紙幣を出し、小銭のお釣りを受け取るとすばやくポケットにしまい、片手に皿、片手にビールを持ち、押し出されるようにその場を去る。

立ち食い蕎麦屋《そばや》で食べ終わって出ていく客を見計らうように、空きそうな場所を探す。ちょうどビールを飲み干して去って行く中年男性の後に、さっと入って場所を確保する。

フリットの中身は塩タラだった。揚げたて熱々で、ビールによく合う。ただ、朝とは逆にビールの量が少なすぎる。フリット一つでコップ一杯は欲しいところである。しかし、再び列に並ぶことを考えると、ビールを飲む分量をコントロールした方がよさそうだ。

ビールをちびちび飲みながら四つ平らげると、紙ナプキンで口をぬぐい、さっと去る。立ち飲み屋は、この気楽さがいい。この店も、滞在中、何度か通うことになりそうだ。ただ、果たして、この店にたどり着けるだろうか。やみくもに歩いているだけで土地勘がついたとはとても思えない。

その前に、マヨール広場に戻れるかどうか。そろそろ大道芸が始まる頃である。投げ銭には困らない。ジーンズの前ポケットには、立ち飲みの梯子《はしご》で貯まった小銭が、たくさん詰まっている。

ホテルがない！

ブリュッセル・ベルギー

ベルギーのブリュッセルに夕方到着、そして翌日の午後の便でフランスのパリから出発する予定になった。ブリュッセルからパリまでは特急で約一時間半。さて、その夜はブリュッセルに宿泊するか、それともパリに宿泊するか。

その足でパリに移動するとなると到着は夜になる。しかし、翌日は楽である。一方、その夜はブリュッセルに滞在すれば、その日は楽になる。しかし、翌朝早めにホテルを出なくてはならない。どちらも一長一短。

結局、初めて訪れるブリュッセルに宿泊することを選んだ。来月、再びブリュッセルを訪れ、一週間ほど滞在する予定があったので、一泊とはいえ、ブリュッセルの街を少しでも身体に馴染ませておきたかったのである。ブリュッセルからパリ・シャルル・ド・ゴール空港まで乗り換えなしの特急があることも決め手となった……が、今はそんな経緯を悠長に思い返している場合ではなかった。

ブリュッセルの三つ星ホテルで、フロントの初老の男性は、「予約が入っていない」とゆっくり首を振る。インターネットで予約したつもりだった。最後の確認ボタンを押す際、通信状況が悪くなり、表示されなくなって、あやふやになってしまった。その時、出かける用事があったので、「まぁ、取れただろう」と、パソコンを閉じてしまい、そのまま忘れてしまったのである。

予約確定メールが届いていないことに気づいたのは今日、空港に到着し、ホテルの名前と場所を確認しようとメールソフトを開いた時だった。とりあえず空港内でインターネットにつなぎ、予約したはずのホテルを探しだし、メモだけして、タクシーに乗り込んだ。予約が入っていると淡い期待をしつつ、最悪、入っていなくても一室くらい、なんとかなるだろうと思っていた。しかし、予約は取れていなかった上に、「満室」という最悪の事態になってしまった。

初老の男性は、近くのホテルを二軒教えてくれた。次のホテルも「満室」だった。フロントの中年男性は、僕の顔も見ずに、首を振り、「full」と言うだけで、取りつく島もなかった。再び、トランクを引いてホテルを出る時のわびしさと言ったらない。

ブリュッセルの街の石畳の切れ目にトランクの車輪が引っかかり、そのたびに、不安とわびしさが増す。二軒目のホテルはフロントが二階にあり、人とすれ違うことが大変そうな細い階段を上がっていかねばならなかった。「満室」と言われるような気がして、トランクを持って下りることを想像し、階段の入り口にトランクを置いたまま上がった。

フロントの、ツンツンヘアの若い男性は、顔をしかめ、首を振った。やはり満室だった。その後で、「今日はブリュッセルのホテルはどこも空いてないと思う」というようなことを言ったのである。

思わず「ホワイ?」と口から出た。どうやら、クジラの国際学会があるらしい。クジラではなく、マグロだったかもしれないが、ともかく世界中から人が集まっていて、この街のホテルは空室がないのである。

僕が階段の下のトランクをちらちらと気にしていることに気づいた彼は、「危ないから、上まで持ってきた方がいいよ」とジェスチャーでトランクを指した。「どうせ満室なんだろ」とふてくされぎみに階段を下りていき、しかし、「持ってこいということは、ひょっとしたら、一室くらいなんとかしてくれるかも」と淡い期待を持ち、とりあえずトランクを二階に上げた。その間に彼は、パソコンで市内のホテルの空き状況を調べてくれた。

「このホテルは、キャンセルが出たみたいだけど、予約しようか？」

そう言って、パソコンの画面を見せてくれた。二軒のホテルに一室ずつ空きが出ていた。通常価格が一万円程度のホテルが三万円に釣り上がっている。もう一軒のホテルは、やはり通常価格が一万円程度なのに四万五千円。普段の一人旅では選ばない金額のホテルであるが仕方ない。三万円のホテルを予約してもらった。彼は、僕の名前のアルファベットの綴《つづ》りをパソコンに打ち込んだ。

メモ用紙にホテル名を書き、方角を指差し、タクシーで五分くらいだと教えてくれた。何度もお礼を言い、外に出るとタクシーを捕まえ、無事、ホテルにチェックインできた。

ビジネスホテルに毛が生えたような部屋のベッドに腰を下ろすと、約一カ月後のブリュッセル滞在が不安になってきた。もしも三万円のところに一週間も滞在するなんてなったら、恐ろしい。すぐパソコンを開いて、ネットにつなぎ、一泊一万円程度のホテルを予約し、今度は、予約確定メールが届いたことも確認した。

これで安心である。大きく背伸びし、財布からユーロ紙幣を取り出してポケットに突っ込み、軽やかにフロントにキーを預け、手ぶらで外に出た。一仕事終えたような気分で、開放感に浸り、街の中を歩き始める。先ほどは、トランクのキャスターが引っかかって腹立たしかった石畳が美しく感じられた。

ホテルを見つけてくれた男性に、お礼がてら差入れを持っていこうと思い、チョコレート屋に入って物色する。しかし、彼はチョコレートが好きとは限らないよなぁと、いったん外に出て、ほかに何かないかなぁとウィンドウショッピングを堪能しながら歩き回る。

細い路地裏の道に、銀色のテーブルと椅子を出している店があり、欧米人の中年男性がピタパンをほおばっていた。円形の中が空洞になっていて、肉や豆などを挟んで食べるサンドイッチのようなものである。

ベルギーの食べ物というと、チョコレートとバケツいっぱいのムール貝くらいしか思い浮かばない。ピタパンは名物なのかどうかはわからない。中近東や北アフリカなどで食べるイメージがあるし、ここの店員もムスリム系の雰囲気である。しかし、そんなことはどうでもよかった。目が留まったのは、ピタパンの脇に置かれた生ビールである。

以前、僕が渋谷で期間限定のカフェバーを開いていた頃、オレンジピールで風味づけされたヒューガルデンなるベルギーのビールを出していた。ベルギーは隣国フランスより緯度が高く、良いぶどうができなかったため、ワインではなくビールが広まった話や、ビールの苦みに欠かせないホップを使ったビールはドイツやチェコで盛んだが、ベルギーはスパイスやフルーツを使ったビールが盛んになっていったという話をビールに詳しい客から教わったことがあった。ベルギーはビールの国なのである。

テーブルの上の生ビールを見た瞬間、ホテルのフロントへ差入れしようとしていた気持ちは後回しになり、ビールを飲むことが最優先事項となった。キャベツの漬物ザワークラウトとケバブが入ったピタを選び、お目当ての生ビールを頼む。石畳の道路に並べられた椅子に座り、生ビールを一口味わうと、自然に笑みがこぼれる。椅子に身体を預け、石畳の街の雰囲気を味わいながら飲むビールは格別である。

目の前を欧米人、東洋人、時々ムスリム系の人々とさまざまな人種が通り過ぎていく。生ビールをチラチラ見ているように思えてくる。こちらも「ほらほら、ベルギーのビールですよ。美味しいですよ」と誇らしげにジョッキを置く。ベルギーのビールが美味しいには違いないのだろうが、トラブルの後の解放感がいつも以上に美味しくしてくれた。

ピタパンとビールの相性も抜群だった。ピタパンのしょっぱい感じといい、酸っぱいキャベツの漬物といい、その後に現れる肉にかかったタルタルソースといい、どれもビールによく合った。

先ほどから、東洋人の若い小太りの男性が、ガイドブックを開いたまま何度も往復している。子供の頃に読んだ懐かしい漫画『Dr.スランプアラレちゃん』の主人公アラレちゃんがかぶっていたような羽根がついた帽子をかぶっていた。黒いパーカーにチノの短パン、黒の革のローファーと個性的なファッションである。ガイドブックの表紙に表記された文字を見ると中国人のようだ。

彼は、時折、僕の方をチラチラと見る。他の人がビールを見ているのとは違い、僕自身を見ているのだ。アジア系の男性だと認識し、道でも聞こうと思っているのだろうか。

世界一美しい広場と言われるグランプラスか、それとも世界三大がっかりの一つ小便小僧か、それとも彼の目当ての店なのか、いずれにしろ、まったく土地勘のない僕には、さっぱりわからないし、聞かれても困る……と、目を合わせないようにして、ビールをすする。その時、ふと思ったのである。今晩、泊まるホテルの場所って、どこだったっけと。

あまりの解放感にスキップでもしそうな勢いでホテルを飛び出し、何も考えず、やみくもに歩き、直感で右や左へ曲がって移動してきたため、ホテルがどのあたりだったかまったく覚えていない。

最悪、ホテルを探してくれたフロントの男性が書いてくれたホテル名の書かれたメモをタクシーに見せればいいやと、ポケットに手を突っ込むが、残っていない。そうだ、先ほど、タクシーの運転手に「ジス　ホテル」と言ってメモを渡したまま返してもらっていない。一度でもホテル名を口にしていれば、多少なりとも記憶に残っていたかもしれないが、「ジス　ホテル」とつぶやいただけで、ホテルの頭文字さえ覚えていない。

解放感と幸福感から、再び、不安感と焦燥感へと逆戻りである。それを表すかのように、出ていた太陽が、いつしか雲で覆われ、いつ雨が落ちてきてもおかしくない空模様になっていた。

できるだけ早くホテルの場所を突き止めた方がよさそうだ。ピタパンを生ビールで流し込み、早々に店を後にする。ホテルから来た道を頭でなぞろうとするが、まったく自信がない。どれだけ浮かれていたんだろうと自分を呪いたくなる。歩いてきた道を探りながら戻るより、タクシーでホテルへ向かった時のことを思い返した方がよさそうだ。大きな道を走っていったはずである。しかし、その大きな道がどこなのか。土地勘どころか方向感覚もないのだ。

ぽつりぽつりと雨が落ちてきた。ホテルの場所の見当もつかないのに自然と小走りになっていた。こんなことなら、早めにフランスに行ってしまった方がよかった。何もパリで途中下車なんかしないで、パリ・シャルル・ド・ゴール空港まで行って、空港ホテルでのんびり本でも読みながら過ごしても、よかったのである。翌朝も、大好きな朝風呂をゆっくり味わえたではないか。今さら、そんなことを言っても仕方がない。これも人生と同じで、旅の記憶の一つに刻まれるいい体験なんだよ。そんなことよりも、いったいホテルはどこなのだ——。何人もの自分が頭の中に現れては消える。

ブリュッセル中央駅近くを歩いているうちに、車の中から見かけた看板の記憶と目の前の風景とが一致した。どうやらタクシーの通った道に出たようだ。なんとかホテルに到着した時には雨足も強くなっていた。こうしてホテルを予約してくれたフロントの若い男性への差入れ計画はお流れになった。

ビールをジョッキで四杯飲んだヴァイオリニストが向かった先

プラハ・チェコ

夕暮れ時になるとプラハの街のいたる場所で、オレンジ色の照明が灯る。柔らかい明かりに照らされた石畳は物悲しくて美しい。スメタナの曲で有名なヴルタヴァ（モルダウ）川沿いから見るプラハ城もプラハ最古のカレル橋も美しいが、夕暮れの石畳の風景の方が記憶に残りそうだ。石畳にトランクのタイヤが引っかかり、歩きにくい街だなぁと思っていた初日がすでに懐かしい。

石畳を味わいながら、旧市街の広場にある「からくり時計」の前に到着した。昼間はカメラを持った観光客でにぎわっているが、夕方になると、多少、落ち着いてくる。

日本語が堪能なチェコ人のヴァイオリニストを待っていた。彼女が日本で公演する際、彼女のピアノ伴奏を僕の姉が何度か務めたこともあり、一緒に食事をしたことがあった。

「プラハ　ニ　イツデモ　アソビニ　キテクダサイ。アンナイ　シマス」

社交辞令を真に受け、僕は本当にプラハに飛び、ホテルからメールで連絡をとった。一週間ほどの滞在中、彼女は、僕が欲しかったチェコのパペット（人形）アニメーションのDVDを売っている店を探してくれ、四重奏のコンサートにも連れていってくれた。

「オーケストラ　モ　ミタイデスカ？　ヨルデス　ガ　ダイジョウブデスカ？」

ずっと「はい」と答えていると、

「ホント　ニ　イキタイ　デスカ？」

と顔をのぞきこまれた。彼女は日本人以上に細やかな気づかいをする女性なので、時折、見透かされているような気分になる。

確かに、どうしても観たいというわけでもない。プラハの教会コンサートは名物らしいので、観ておいた方がいいかなぁと、その程度である。しかし、僕はそれとは裏腹に、

「ホントに行ってみたいなぁと思っていました」

と答えた。彼女は嬉しそうだった。

「ダッタラ　オトウサン　ニトッテ　モライマス」

彼女の父親もヴァイオリニストだった。コンサートは開演が八時と遅めなので、当日、チケットを渡すから、その前に軽く飲もうということになったのである。からくり時計の音が鳴り、壁際の扉が開き、十二使徒の人形が現れた頃、彼女も現れた。日本でお目にかかった時よりもプラハに滞在している時の方がカジュアルで、今日はジーンズに白のジャケット、カチューシャのようにサングラスを髪にのせていた。

「マチマシタカ？　ワスレル　ト　イケナイカラ　サキニ　チケット　ワタシマス。ワタシハ　イキマセン。ヒトリ　ダイジョウブデスカ？」

逆に少しほっとした。「行きたい」と言って、チケットまで取ってもらい、彼女の隣の席で眠るわけにはいかない。しかし、酒を飲んでからクラシックなど聴いたら、眠りに落ちる可能性も十分ある。

「おいくらですか？」と、チケット代を渡そうとすると、彼女は「イリマセン」と言った。

「プレゼント　デス。ワタシカラ　デハ　ナク　オトウサン　カラ。キョウハ　オトウサンモ　イッショニ　ノミタイソウデス。ダイジョウブデスカ？　アッ、オト

ウサン　キマシタ」

モデルのようなスタイルの彼女から想像した父親像とはまったく違う方だった。ハリウッド俳優で言えば、ダニー・デビートのような小太りのおじさまである。愛嬌があり、一目でファンになってしまう風貌だった。満面の笑顔で握手を求めてきた。

お父様が行きつけの、チェコ語で「ホスポダ」と呼ぶ居酒屋に連れていってくれるらしい。彼の後をついて旧市街を進んでいく。老若男女問わず、次から次へとお父様に声がかかる。一言二言、挨拶程度で終わる場合もあれば、立ち止まって、一、二分、話し込むこともある。

「ゴメンナサイ。オトウサン　トモダチ　オオイデス。ダカラ　イキタイ　バショナカナカ　ツカナイ」

彼女は謝りながらも誇らしげだった。誰に対しても同じ笑顔で接するお父様を見ていると、友達が多いこともわかるような気がした。地元に根をおろして、音楽活動をしながら暮らす彼のプラハでの生活の豊かさを垣間見た気がした。

滞在中、足を踏み入れたことのない迷路のような道を進んでいく。プラハの街は、目抜き通りのような道が少なく、壁も高いので目印になるような建物が見つけにくい。そういう意味では、お父様が声をかけられ、立ち止まるたびに、僕が後ろを振り返り、道を反復できるのはありがたかった。教会まで一人で行かなければならない可能性もある。

ホスポダの店内もオレンジ色の柔らかい照明で照らされていた。店に入っても、客席からダメ押しのように声がかかり、お父様は中年男性と握手を交わした後、奥にどんどん進んでいく。観光客らしき人は見当たらず、少なくともアジア系の客は僕だけである。奥のテーブル席を予約してくれていたようだ。

年季の入った頑丈そうな木のテーブルには、注文もしていないのに、三杯の生ビールが運ばれてきた。日本のように縦長のスマートなジョッキではなく、樽《たる》のようなずんぐりむっくりのジョッキに注がれている。

「ナズドラビー」なる「健康に！」の意味であるチェコ語の乾杯の言葉を発し、ピルスナーのビールを喉に注ぎ込む。やはり、チェコのビールは美味しい。製法も素晴らしいのだろうが、イギリスなどのように風味を味わうためにぬるく飲むのではなく、適度に冷えたビールであることも嬉しい。

お父様のジョッキは二口で空になった。僕が、ジョッキを指し、「もう一杯？」と一の数字を指で示すと、笑顔で大きくうなずいた。近くにいた店員に「すいません」と日本語で声をかけるとお父様も娘も笑った。

「チェコ　ナニ　ヲ　シマシタカ　ト　オトウサン　キイテイマス？」

パペットアニメーションの現場を観ることが、今回のプラハ滞在の一番の目的だった。

お父様に僕の簡単なプラハ滞在記の通訳を終えると、娘のヴァイオリニストはトイレに立った。チェコ語しか通じないお父様と日本語しか通じない僕がテーブルに向き合うことになる。互いに二杯目のビールが机の上に置かれ、再び乾杯した。何か話さなければと思ったが、目の前に現れた大皿に載った豪快な肉の塊が、そんな心配を吹き飛ばした。

膝の部分の骨付きローストポークである。あまりの迫力に口を開けて唖然《あぜん》としていると、お父様が僕の口の真似をして笑った。肉にナイフが刺さったままになっている。これで切れということなのだろう。お父様が豪快に切って、僕の皿に盛った。どこから手をつけていいのかわからない。お父様は、手で摑《つか》んでそのままかぶりついているので、僕も、手で摑んでそのままかぶりついた。ゼラチン質たっぷりの皮は香ばしく、塩コショウだけのシンプルな味付けがいい。隣に添えられたマッシュポテトも豪快である。

娘がトイレから戻ると、僕が手で食べている様を見て、笑いながら鞄からティッシュを出してくれた。お父様はローストポークを最初は僕に食べ方を見せるかのように食べたが、その後は、ほとんど手をつけず、ビールだけを飲んでいる。周囲の客は、つまみをほとんど頼んでいない。ひたすらビールを飲んでいるのだ。「ビールは飲むパン」とチェコ人は言うという話もまんざら嘘ではなさそうだ。一人あたりのビール消費量は世界一の国であり、チェコにとって、ビールは誇りなのだ。ドイツ系アメリカ移民が作った「バドワイザー」という世界的に知られるアメリカのビールがあるが、チェコでバドワイザーと言えば、南ボヘミアの市民醸造のビールを指す。こちらの方が老舗《しにせ》で、あまりにアメリカのバドワイザーが世界中に広がっていくので、商標権で争ったこともある。結局、チェコ側の主張が通り、北米でだけ使用することを承諾した。よって、アメリカのバドワイザーは、ヨーロッパでは「バド」の名前で売られている。

お父様は僕に、もっと食べろ、食べろとうながした。僕が優しいお父さんですねと言うと、彼女は照れくさそうに笑った。

「オトウサン　イエデハ　セイカツノ　コト　トテモ　ウルサイデス。オニイサン　モット　ウルサイ」

彼女のお兄さんもヴァイオリニストである。プラハを拠点にヨーロッパで活躍していて、日本にも住んでいたことがあり、名古屋フィルハーモニー交響楽団に所属していた時期もある。

お父様はすでにジョッキを四杯空けていた。彼女が眉間に皺《しわ》を寄せ、チェコ語で小言のようにつぶやいた。「飲み過ぎだよ」とでも言っているのかもしれない。

「ソロソロ　コンサート　ノ　ジカン　デス」

名残惜しかったが、せっかくいただいたチケットである。改めてお礼を言うと、お父様は、相変わらずニコニコしているだけだった。飲み代を支払おうとすると彼女がすでに済ませていると言う。

「ニホンデ　オネエサン　ニ　オセワニナッテイマス。オネエサン　ニ　オレイイッテクダサイ」

僕がポケットから取り出したコルナ紙幣をけっして受け取ろうとはしなかった。

「キョウカイ　ワカリマスカ？　オクッテイキマショウカ？」

正直、少し不安だったが、大丈夫だと言った。コンサートのチケットもいただき、ご飯もご馳走になり、これ以上、道案内まで迷惑をかけるわけにはいかない。

「コンサート　タノシンデ　キテクダサイ」

少々、べとついた手だったが、お父さんと握手を交わした。そして二人と別れ、店を出て教会に向かう。

ホスポダを出ると、ちょうど太陽が沈んだ直後のようで、オレンジ色の照明に照らされた石畳は、さらに美しく感じられた。こんな道を歩いてクラシックを聴きに行けるなんて幸せである。と、しばらく歩き始めた時だった。急に尿意が襲ってきた。どうしてさっき行っておかなかったのだろう。飲んでいる際、一瞬、トイレに行こうかなぁと頭をよぎったのだが、収まってしまい忘れていたのだ。いつもであれば、海外の店に入ったら出る前にトイレに行く習慣をつけているのだが、店内で親子に見送られている状態でトイレに行きづらかったこともある。

この迷路のような中に公衆トイレがあるとは思えない。焦れば焦るほど尿意の限界が近くなってきている。

結局、内股気味にいったん先ほどのホスポダに戻り、トイレを借りることにした。ちょうど親子が出てきたところだった。内股だけ直し、顔は平静を装い、正直に「トイレだけ行っておいていいですか?」と言うと、娘が言いにくそうに通訳し、お父様は大笑いした。

用を済ませると親子は待っていてくれ、教会まで送ってくれた。なんとか開演時間には間に合った。教会内は観光客で八割近くが埋まっており、後ろの方の席に座った。安堵のため息を吐きながら、ホスポダまでの道を思い返していた。一人では二度とたどり着けないだろう。

舞台上に演奏者が続々と入ってきた。みな、神妙に入ってきたが、一人だけジャケットの片側に袖を通しながら、慌ただしく入ってくる小太りの演奏者がいた。さっきまで一緒に飲んでいたお父様だった。

犬ぞりで食べにいくジビエ

オーレ・スウェーデン

僕は怒っていた。気まずい空気が漂う車内で一人、車窓を眺めている。太陽は雲で遮《さえぎ》られ、くすんだ雪景色は気持ちをさらに暗くさせた。憧れの北欧に来ているという昂揚感はまったくない。

首都ストックホルムで一泊し、国内線に乗り換え、北へ六百キロほど離れた「オーレ」という、スキー場のあるリゾート地に来ている。スウェーデンのスキーウェアブランドのカタログのアートディレクターとして呼ばれていた。

いざ到着するとブランド本社のスウェーデン人スタッフたちは、撮影の準備をまったくしていなかった。どうやら、スキー業界に少ない黒人を僕がモデルに使おうとしたことが気に入らなかったようだ。彼らは、事前にオッケーを出したはずの撮影の絵コンテまでも否定した。スウェーデン語も英語もできない僕は、怒りを言葉に表現できない苛立ちから、打ち合わせの途中で席を立ち、部屋を出てしまった。追いかけてきたウェアブランドの日本法人側の会長が、「飲みに行こう」と僕をなだめながら、日本人スタッフのチームを引き連れ、皆で夕食に出かけたのである。ワゴン車が停まったのは、雪原の中にぽつんと建つ掘立《ほったて》小屋の前だった。その脇には生まれて初めて見る犬ぞりが何台も用意されていた。これから行く店は犬ぞりでないと行けない場所にあるらしい。

十頭のシベリアンハスキーが、たすき掛けのようにベルトで身体を固定され、立ったまま出番を待っていた。彼らの後ろに台車のようなそりがつき、そこへ大人が二人座る。そして、台車の後ろに屈強そうな大柄のスウェーデン人の中年男性が立ったまま乗って操作するようだ。予想外の世界観に放り込まれた僕は、憮然とするどころではなくなっていた。

「これって、どうすればいいの？　座っているだけでいいの？　落ちたりしないの？」

不安を隠しきれず、隣に座ったモデルとして参加する日本人冒険家に聞いた。答えを聞く間もなく、スウェーデン人男性が犬に声をかけ、十頭の犬が走り始めた。引っ張られ、ゴーッと滑る音とともにそりも滑り始める。マイナス十度以下の気温の上、風圧まで浴びている。厚手の毛糸の帽子を耳までかぶり、ダウンコートのジッパーをすべて上げ、付属のフードもしっかりかぶった。目だけが風を受け止める。

犬たちが蹴り上げる雪が、勢いよく舞う。三列目につながっている一頭の犬がお坐りしている状態になり、他の犬たちに引きずられていく。走り始めたら、一頭が駄々をこねようが、止まることはできないのだ。

お坐りしている犬の尻から何やら出ている。排泄中だった。尻と雪面は数センチ程度しか空いていない。糞《ふん》が雪に当たる速度が速いせいか地面に着いた瞬間から細かく切れていく。

「ウンコしてる！　ウンコしてる！」

僕は子供のように叫んでいた。

ワゴン車に乗ってきた大人たちは、二人ずつ四台の犬ぞりに分かれ雪原を走っていた。犬とほとんど変わらない低い目線で雪原を滑ると、雪面が迫ってくるように感じられる。

手綱《たづな》を持つスウェーデン人が犬に声をかけ、スピードが少しずつ落ちていく。犬ぞりは雪原から森の中に分け入っていった。さらに進むと小さな小屋が現れた。煙突からは煙が出ていて、おとぎ話の中に出てきそうな光景である。ここが本日の飲み場所らしい。

小さな木の扉を開けて、くぐるようにして中に入ると暖炉の柔らかい暖かさとランプの優しい灯りに包まれる。縦長の頑丈そうな木のテーブルが一つだけあり、その奥で暖炉が赤々と燃えていた。

身体が一気に温まり、鼻腔の中がむずむずする。ダウンコートを脱ぎ、壁にかけて座った。暖炉の脇の奥から若いスウェーデン人が現れ、テーブルに並んでいたグラスに赤ワインを注ぐ。「どこのワイン？」などと聞くものは誰もいない。どこのワインだろうが、この空間で飲んだら美味しいのである。じわじわと温まっていく身体の中に、ワインが染みわたっていく。

客は我々だけである。僕も含め、むさくるしい男たちは犬ぞりでやってくるまでの話をしたくてたまらなかった。それも決まって犬が走りながらする糞の話である。どうやら、どの犬ぞりも一頭は糞をしていたようだ。男子学生のノリで、その話をする時は、誰もが必ず椅子から立って用を足す犬のマネをした。

チーズとクラッカーのようなクネッケがつまみとして出てきた。チーズはチェダーチーズのように少々硬めである。ここオーレよりさらに北で生産されるヴェステルボッテンチーズというもので、スウェーデンでは、チーズの王様として知られているらしい。

思えば、この国に着いてから撮影のことばかり考え、スウェーデン料理のことなど気にもしていなかった。ストックホルムに到着した日から口にした物を思い返してみても、スウェーデンのビールくらいは飲んだが、ミートボール入りのスパゲティとマリゲリータのピザといった、どこの国でも食べられそうな物しか食べていない。しかし、スウェーデンを何度も訪れている日本人スタッフに言わせれば、それが、スウェーデン人が食べるごく普通の料理だそうだ。魚料理が盛んだと思っていたが、そうではないらしく、西海岸のように食べる地域もあるが、他の地域では、ほとんど食べず、食べたとしてもニシンの酢漬けくらいらしい。スウェーデンらしい食べ物を尋ねると、せいぜいケバブを載せたピザとか、こけももジャムを添えたマッシュポテトくらいしか出てこない。

真っ白な皿に盛りつけられた肉料理が現れた際、

「もちろん、これもあるけど」

周囲が口をそろえた。

鹿肉いわゆるジビエである。ジビエとは狩猟によって食材として捕獲された野生の鳥獣で、スウェーデンの伝統料理だ。ストックホルムで行われるノーベル賞授賞式の晩さん会の食事には鹿肉が出されることもあるそうだ。

現代の日本人は鹿肉に馴染みがないが、日本の鹿肉の歴史は、牛肉や豚肉よりもずっと古く、縄文時代、狩猟で鹿肉を食べていたことを証明する遺跡も発掘されている。江戸時代、肉食文化が禁止され、それが明けた頃には牛肉や豚肉、鶏肉が広まり、鹿肉を食べるという文化は薄れていった。ただ、最近は脂質が少ないということで、健康食として注目され始めている食材でもある。

博識のスタッフから説明を聞きながら、生まれて初めて鹿肉を口に含んだ。臭みはほとんどない。血抜きの技術が臭みに影響するらしい。

鹿肉のローストの脇にはマッシュポテトがたっぷり盛られ、その横にこけもものジャムが添えられていた。マッシュポテトにジャムが合うというのも意外である。

スキーブランドの関係者ばかりなので自然と世界の雪山の話になり、彼らがウズベキスタンの山でマイナス二十度近い場所にテントを張ってスキーを楽しんでいた時の話になった。キャンプ中、雲一つない青空だった日があったそうだ。太陽が燦《さん》燦《さん》と照りつけていたので「外で食べよう」とテントの外に机や椅子を出して準備をした。卓上で皿に載せたハムを切って、それぞれが食べ始めると、ハムがシャリシャリと凍っていることに気づく。切った先からハムが凍っていくのである。そこで、みんな我に返ったそうだ。

「俺たち太陽にだまされていたんだよ。やっぱり寒いんだよ」

急にみんな寒くなり、再びテントの中に戻って暖をとりながら食べたらしい。

他にも、チリでパウダースノーを求め、軍用ヘリをチャーターした話、食料を背負って山に一カ月籠《こも》りテント暮らしをしながらスキーをしていると第六感が働くようになり滑りながら危険な地面を直感で察知できるようになった話など、常軌を逸するような雪山の話がどんどん出てくる。

ワインが進むにつれ、どんどん口が滑らかになっていった。そして今回の撮影の話になり、先ほど、僕が会議の途中で部屋を出て行ってしまった話に及ぶ。

みんなが、僕をからかい始めた。

「イシコちゃんも怒るんだねぇ」

僕と同じ歳の元全日本のモーグルコーチが笑い、

「あの怒り方はカッコ悪いよねぇ」

カメラマンは僕がノートパソコンを閉じて立ち上がるマネをすると、みんなも同じようにマネをした。犬ぞりの犬たちがうんこするマネのように。

酒で顔が熱いのか、恥ずかしくて顔が熱いのかわからなくなる。

「うるさい。でも、ごめんなさい」

そう返すしかなかった。

ついつい赤ワインを飲み過ぎ、かなり酔った状態で小屋の外に出た。すでに外は真っ暗になっていた。帰りも犬ぞりに乗った。

犬たちは、暗闇の中でも迷うことなく走り続ける。フードはかぶっていたが、顔は出したままにしていた。酔った頬に浴びる寒風は気持ちいい。そして、森の暗闇の中をそりが走る様は、シンデレラを思い出させるなぁと話した後で、

「あれは馬車だったっけ？」

そう言って互いに笑った。

雪原に入った時、思わず声をあげた。雲で覆われていた空が嘘のように、一面、星で埋め尽くされていたのである。遮るものが何もない。星をちりばめたドームの中にいるような感覚だった。まさに冷たさが生んだ、澄んだ夜空である。以前、モンゴルの草原でも同じように遮るものがない中で夜空を見たことはあるが、あの時とはくらべものにならないほど、星がきれいである。モンゴルは夏だったことや、その時、しばらく雨が降っていなかったことなどが重なり、空気がよどんでいたのかもしれない。

気づいたら涙が頬を伝っていた。景色を見て涙を流したのは生まれて初めてだった。「自然の中の自分の小ささを知る」というありきたりの言葉を、身をもって感じたのだろう。こんな自然の中にいたら撮影の準備のトラブルなんて小さい話である。翌日からの撮影に向け、決心を新たにした。

コラム

世界ビールつれづれ②

味覚が鈍い僕は、各国のビールの違いを飲む温度で比較することが多い。日本では四度から八度の間で提供されているピルスナータイプのビールが多いので、冷やすことでのど越しの爽快《そうかい》さを味わうことができるからだ。日本の冷たいビールに慣れた状態でイギリスを訪れ、パブやバーでビールを飲むと、「ぬるい」と感じる。炭酸の弱いスタウト（黒ビールが多い）やエールビールが主流なので、ホップの香りが引き立つ十度から十五度くらいの間で出されるからである。香りを楽しみながら、ちびちび味わう文化なのだ。同じ「ぬるい」でも中国は理由が違う。冷たい物を飲むと身体によくないという古くからの言い伝えが根付いているので、今でも、ぬるいビールを出す店は多い。

冬のドイツには、「ぬるい」を通り越し、ビールを温めて砂糖やシナモンを加えて飲む「ホットビール」もある。店で飲むというよりは、風邪予防や風邪をひいた時に家で飲む方が多いと聞く。

逆にドミニカ共和国など中年米に行くとビールは冷えていれば冷えている程いいという考え方になり、瓶が霜に覆われ、手にくっつきそうなほど、キンキンに冷えたビールが出てくる店もある。

同じ冷やすにしても東南アジアでは、ビールと一緒に氷が出てくる。僕はこれが好きで、二杯目までは通常のようにビールだけを飲み、それ以降は氷を入れて、ちびちび飲む。もちろんビールは薄くなってしまうが、飲んでいるうちに「冷たくしたいなら氷を入れればいい」といった東南アジアのおおらかな考え方に心も身体も馴染んでいくような気がする。

氷ではなく、他の飲み物を入れることもある。トマトジュースを入れた「レッドアイ」やジンジャーエールを入れた「シャンディー・ガフ」などジュースで割ることは日本でもお馴染みだが、韓国では焼酎やウィスキーをビールで割る「ポクタンジュ」（爆弾酒）なる飲み物がある。ビールが注がれたジョッキの中にショットグラスに入れた焼酎やウィスキーを落とすこの飲み方は結婚式やパーティーの余興などで多いらしいが、飲み屋でも見かけたことがあるので、普通の飲み方としても定着しているのだろう。

ビールがない……

「とにかくビールを飲もう」と意気込んでも、そもそもビールがなければどうしようもない。レストランや定食屋、コンビニやキオスクのようにどこでもビールを飲む環境が整っている日本のような国ばかりではない。ビールが売っている場所を探すところから始まる国や街もある。飲酒が禁止されているイスラム教徒の多い地域であれば、ある程度、覚悟して向かうが、普通に飲むことができると思っていた国でビールが見当たらないと面食らう。

たとえばインド。初めて訪問するまでは、どこでも飲むことができ、街のいたるところで酔っ払いが寝ているイメージがあった。しかし、基本的にインド人は飲酒の習慣はない。ヒンズー教は酒を禁止しているわけではないが、道徳的に飲酒は好ましくない行為と思われている。

よってスーパーや食料雑貨店にお酒が一切置かれていないことが多く、外国人が多く出入りするホテルのバーや飲食店に行って飲むことになる。街なかに地元のバーや酒屋もあるにはあるが、目立たないように、ひっそり営業している。ホテルの部屋で飲む場合、ルームサービスのメニューに入っていないこともあるが、頼めばたいてい出てくる。

タイのようにビールの大量消費国であっても、仏教の祝日や選挙期間中はアルコールの販売が禁止になる国もある。旅の期間と重なるとアルコールが買えなくなってしまう。とはいえ、中身がわからないように、こっそり出してくれる店もあるけれど。

フィンランドやノルウェーのようにアルコールの販売時間が決められていることもある。二十一時以降は買えない。以前、ノルウェー人と話していたら、日本のように、夜中、コンビニに立ち寄ってビールを買うことができる国がうらやましいと嘆いていた。ノルウェーは時間だけではなく、曜日も定められており、日曜日や祝日は販売禁止である。

それくらいしないと彼らは飲み過ぎるからかもしれない。北欧も含めた欧米の人たちは、いったん飲むとなるとスイッチが入ったようにやたら飲む。僕が出会った欧米人の中で意図的に酒を飲まない人は別として、酒に弱い人に会ったことがない。それもそのはずで、欧米人には生まれつき、アルコールを分解することが得意なDNAが組み込まれていて、酒に弱いDNAが組み込まれて生まれてくる確率は限りなく〇%に近いという研究報告を読んだことがある。ちなみに日本人を含むモンゴロイド系は、半数近くが酒に弱いDNAが組み込まれているそうだ。

彼らが酒に強い理由はわかるが、僕には、もうひとつ長年の謎がある。彼らは、かなりの量のビールを飲んでもトイレに行かないのだ。行かないというのは言い過ぎかもしれないが、行く回数が圧倒的に少ない。元々、トイレが近い僕は、ビールを飲むと更に近くなる。僕が二回トイレに立っても、彼らはトイレに一度も行かない。僕より倍以上飲んでいるにもかかわらずである。数リットルは飲んでいるであろうビールはいったいどこへ消えていくのだろう。どなたかご存じの方がいたら教えてほしい。

第三部

南米・アフリカ編

両替詐欺とヘミングウェイ

ハバナ・キューバ

「誰かを信頼できるかを試すのに一番良い方法は、彼らを信頼してみることだ」ヘミングウェイの格言通り、僕は彼らを信頼してみたわけである。でも、結局、詐欺《さぎ》だった。

カウンターの端に髭面《ひげづら》のヘミングウェイの銅像が微笑《ほほえ》んでいる。彼がキューバに住んでいた頃、よく通ったバー「フロリディータ」で、僕はラムベースのカクテル「フローズン・ダイキリ」を飲んでいた。

酒が強いヘミングウェイは、ラムの量を二倍にし、砂糖を抜いたフローズン・ダイキリを特別に注文していたそうだ。それを一晩で十杯以上飲んだという逸話もある。ヘミングウェイの飲んだそれもメニューにあるが、僕は通常の砂糖入りを飲んでいた。

一杯飲み干してから、映画を観るつもりだった。「世界の映画館」の連載取材もあり、この日は一緒にハバナに来ていた友人たちと別行動にして一人でぶらついていた。

店の外に出ると道路を渡った対面の建物にチラシが貼られているのが目に留まった。女性が歌っている写真で、ライブの告知のようだ。読めないスペイン語を想像しながら目で追っていると英語で声をかけられた。

「ドゥー ユー ライク ミュージック？」

赤いTシャツに短パン姿の小柄な男性が、満面の笑みを浮かべて横に立っていた。「イエス」と答えると、彼は英語を続けた。細かい部分はわからないが、身振り手振りから彼はクラブでDJをしていることがわかった。前日の晩、友人たちと踊りに行ったクラブ名を出すと、彼はその店でDJをやっていると言い、「どこから来たのか？」、「キューバ音楽は好きか？」など立て続けに質問を投げかけてきた。

キューバ音楽のバンドは、ドキュメンタリー映画で観た伝説のバンド「ブエナ・ビスタ・ソシアル・クラブ」くらいしか知らない。そう答えると彼は今日の晩、彼らのライブがあると言う。僕も彼も英語が片言に近いので、何度も同じような質問と答えを繰り返し、細部を確認する。どうやら、バンド全員が出るわけではなく、メンバーの一人が演奏するらしい。

彼は、今から、そのライブが行われる場所へ連れていってくれると言う。映画の時間が気になってはいたが、歩いていける場所にあるというので、ついていくことにした。映画は次の回に延ばしてもいい。

彼は僕の前を歩き、家の脇に椅子を出して座っているおばあさんをいたわるように触りながら声をかけた。今思えば、ものすごくわざとらしかったし、おばあさんは、彼を怪訝《けげん》そうに見て、その手をはねのけていた。その時は、せっかくの彼の優しさを拒否するなんて偏屈なばあさんだなぁとしか思わなかった。

そしてチャイナタウンの中にある簡素な食堂に入っていった。誰も客が入っていない。彼は「ヒア（ここだよ）」と言う。確かに広いスペースではあるがテーブルと椅子が並んでいるだけで、ステージもなければ楽器らしきものもなく、とてもライブ会場とは思えない。奥からキューバ人の店員が出てきた。ＤＪの彼が、「何か飲む？」と聞くので、モヒートを頼む。

僕が店内の写真を、彼を入れ込んで撮影しようとするとレンズを遮《さえぎ》った。思わず、「ソーリー」と言って謝り、シャッターを押さず、カメラを机の上に置いた。彼は申し訳なさそうに、「リリージョン」と言った。宗教上の理由のようだ。

キューバではアメリカの旧車がいまだ現役。建物は映画館

出てきたモヒートは、不味《まず》かった。きっと、キューバに来る前であれば、こんなものかと納得して飲んでいたかもしれない。しかし、ハバナに来てから、毎日のようにモヒートを飲んでいたので、自分なりに美味《おい》しい基準値ができていたのである。

特に数日前に旧市街の立ち飲みバー「ラ・ボデギータ・デル・メディオ」で飲んだモヒートは格別に美味しかった。こちらも、ヘミングウェイが愛した店である。グラスを並べ、その中に茎《くき》ごとたっぷり入れたミントをすりこぎのような棒でリズミカルにつぶし、ラムとソーダをリズミカルに入れていく。グラスに口をつけるとミントの香りがガツンとくるのだ。

それに比べると、この店のモヒートのミントは、飾りのように入っているだけで、しかもしなびているので、ラムの風味しかしない。

店員がテーブルの脇に立ったままなので、先払いであることに気づいた。

僕が二人分を支払っていると、DJは首を振りながら、ため息をついた。彼は店の人に紙と鉛筆を借り、キューバの通貨の説明を始めたのである。キューバでは、我々、観光客は兌換《だかん》紙幣と呼ばれる外国人専用の紙幣を使う。同じ物を買うにしても外国人と現地の人では値段が違う。現地の人が使うペソの方が格段に安い。しかし、現地のペソを僕たち観光客は手に入れることはできない。

彼が言うには、最近、兌換紙幣とペソの紙幣の間に、もう一つ新しい紙幣ができたと言う。「そんなバカな」と、今なら思うが、その時は思わなかった。

というのはその日の朝食の時、一緒にハバナへ来ていたメンバーのうち、葉巻の買い付けで何度もキューバに通っている人たちが隣のテーブルで、ちょうど紙幣の話をしていたのである。

「あの金を一回使ってみたいよなぁ」

その台詞《せりふ》だけ覚えていた。現地の人の紙幣が使えないことは、彼らだって、よく知っている。その彼らが使いたいと思っているのは、きっと、ＤＪが言う新しい紙幣のことに違いない。その時、僕は、そう思ってしまったのである。

それはどこで両替できるのか、僕は彼に尋ねた。すぐに連れていってあげると彼は言う。まだ、モヒートが残っているのに、彼は立ち上がった。どこか焦っているように見え、一瞬、怪しいなぁと思った。しかし彼は、自分が焦っているのは、今日は金曜日で、もうすぐ両替所が閉まってしまうからだと言うのだ。つまり、今を逃したら、土日を挟んでしまうので、両替ができないことになる。

ほとんど減っていないモヒートを置いたまま、僕らは店を出た。ＡＴＭで兌換紙幣を引き出しながら考えた。いくら両替えしようか。その時、一緒にハバナに来ていたメンバーは全部で八名。残り三日の滞在である。僕だけ今日、一日別行動をさせてもらっている負い目があり、彼らの分も少し両替していこうと思い、十万円近く下ろした。

ＡＴＭから出ると、計ったようなタイミングでタクシーがやってきて、ＤＪが手を挙げる。助手席にはテンガロンハットをかぶった馬面のキューバ人が乗っていた。ＤＪは、僕の耳元で彼はブエナ・ビスタ・ソシアル・クラブのピアニストの孫だとささやいた。僕は窓越しに握手を求めていた。孫なのに。しかも嘘なのに。

僕とＤＪは後部座席に乗り込んだ。ピアニストの孫は、「どこから来たのか？」とＤＪと同じくらいの片言の英語で聞いてきた。日本と答えると、沖縄に行ってみたいと言う。能天気な僕は、ブエナ・ビスタが沖縄でライブしたら最高だろうなぁと想像しながら、それを英語で説明しようと四苦八苦していた。

二十分ほど、走っただろうか。ＤＪが運転手に車を停めるように言い、幹線道路のような場所で三人とも降りた。ＤＪとピアニストの孫は肩を組み、スペイン語で会話をした後、ＤＪは「エクスチェンジ（両替）」と言いながら、手を出した。僕は兌換紙幣を全部渡した。彼は、ここで待っていてほしいと言った後、幹線道路を渡り、団地らしき建物の方へ走っていった。

ピアニストの孫は僕と一緒に待っていた。車の中では不機嫌だったように見えたが、ＤＪとスペイン語で会話を交わしてから急に愛想がよくなった。僕の手を持って、サルサまで踊り始めるではないか。

「君は、ブエナ・ビスタのピアニストの孫なんだって？」

僕が英語で聞くと、彼は「なんだそれ？」って顔をして、怪訝そうな表情をした。きっと僕の英語が通じなかったんだろうと思い、それ以上、何も聞かなかった。

ＤＪが札束を抱えて戻ってきた。そして僕に手渡し、その場で数を確認するように言った。二十センチほどの厚さであまりにも札数が多いので、「ＯＫ、ＯＫ」と言って、僕はウエストバッグの中に、そのまま突っ込んだ。

ＤＪは、コーヒーでも一緒にどうかと言い、「もちろん」と答えた。彼らは僕を公園のような場所に連れていき、いったん家に荷物を取りに行ってくるので待っていてほしいと言って去っていった。人影が、ほとんどない寂し気な公園のベンチに座り、ウエストバッグから葉書と筆ペンを取り出した。

僕は年賀状を書かないが、いただいた年賀状を持ち歩き、旅先から葉書を送ることがある。五枚ほど書いたところで、時計代わりの携帯電話を見ると一時間経っている。キューバまでの機内で読んだ女性旅行作家のキューバ紀行記に、キューバの人は二時間待たせることは当たり前だと書かれていた。まだ一時間ではないか。そう思い、再び葉書に取り組み、さらに五枚書いたところで、二時間が経ち、さすがに、そろそろ映画に行かないとまずいなぁと思ったのである。今晩にでもＤＪが働いているクラブへ謝りに行こうと思い、幹線道路に出てタクシーを捕まえた。

映画館を探すために持ってきたスペイン語のメモを運転手に見せ、再び街中に戻っていき、大きな古い映画館の前でタクシーは止まった。「ハウマッチ？」と聞きながら、ウエストバッグから〝新しい〟紙幣の束を出した途端、タクシーの運転手が、ものすごい剣幕で怒り始めた。なぜ、怒っているのか。状況が、さっぱりつかめない。

運転手は、ため息をつきながら、ひったくるようにして束から金を抜き取り、追い払うように車を降ろされた。大量に紙幣を抜かれた気がする。新手《あらて》のぼったくりなのだろうか。

しかし、取材の方が優先である。映画館では、ちょうど、上映が始まるところで、窓口で急いで切符を買った。映画代も、やけに高く感じられた。しかし、とにかく映画が始まるので、急いで中に入る。

ハリウッド映画『パイレーツ・オブ・カリビアン』のスペイン語吹き替えの上映だった。仲が悪いアメリカの映画をキューバの人々が観ているというのは何とも興味深い。始まって一時間くらい経っただろうか。ジョニー・デップ演じるジャック・スパロウが話しているシーンで、スクリーン上の画面が止まってしまった。しばらくすると、アナウンスが流れ、客は悪態をつきながら立ち上がり出ていった。どうやら機材の不調で上映中止らしい。払い戻しがあるのかと思ったら、それもない。

仕方なく、僕はホテルに戻るために、再びタクシーを捕まえた。ホテルに到着し、先ほどの運転手のことを思い出しながらも、おそるおそる紙幣を出す。やはり運転手の顔つきが変わり、スペイン語で何やら言っている。先ほどの運転手ほど怒ってはいないが、首を横に振りながら、やはり大量に紙幣を抜かれた。

タクシーを降りると、ウエストバッグの中の紙幣を再度、確認した。十万円を両替したことを考えると、明らかに紙幣の減りが早い。

そこで初めて、「ひょっとして……」と思い、写真を撮らせなかったこと、ピアニストの孫かと尋ねた時の馬面の男の表情、再び公園に現れなかったこと、タクシーの運転手の男たちの対応、第三の紙幣なら新しいはずなのに紙幣がどれもやたら汚いことなどすべてがつながっていった。

夕食の際、別行動していた仲間たちに紙幣を差し出した。

「ひょっとしたら、僕、両替詐欺にあったかなぁ」

キューバ人のコーディネーターが血相を変えて、慌てて、その紙幣を取り上げた。

それは現地の人が使うペソ紙幣で、外国人が使うと罰せられるのだそうだ。ＤＪが言っていた第三の紙幣など存在しなかったのである。朝、葉巻の買い付けをする人たちが言っていたのは、現地通貨を使ったら、もっと安く葉巻を買うことができるのになぁと叶わぬ願望を言っただけだったのだ。

結局、DJは兌換紙幣を現地通貨に替えただけのこと。しかも彼らは、僕には二、三割だけ（それでも結構な枚数だった）渡したのだ。よって、僕は、現地通貨の数万円分を十万円で買ったことになる。だから、タクシー代にしろ、映画代にしろ、高く感じてしまったのだ。

「コーディネーターが言っていたんだよ。イシコを一人にするのは心配だって。同じ日本人として恥ずかしい」

友人たちから一斉に叱られ、その日の夕食の間、僕は小さくなっていた。

雪山で朝食を

サンティアゴ・チリ

「南」という文字に対するイメージなのか、大人になっても「南米は常夏」と、どこかで思っていた気がする。北半球の日本が夏なら南半球のチリは冬なのに。

六月のサンティアゴに到着してから日を追うごとに寒くなっていた。街路樹も色づき始め、サン・クリストバルの丘から一望できる街並みの向こうには、雪に覆われたアンデス山脈も見える。南北に七千五百キロ、幅七百五十キロ、七カ国にも渡って広がる世界最大の山脈である。

白い山を眺めているうち、岐阜県の小さな町で過ごした高校時代の冬を思い出した。毎朝なかなか布団から出られず、朝食抜きの通学はザラだった。容赦なく吹き下ろす伊吹山からの風に逆らいながら、身をかがめて三十分近く自転車を漕ぎ続け、ふと顔を上げる。遠くに雪に覆われた山が見え、あまりの美しさに向かい風の辛さが薄れ、このまま学校をサボって山まで行き、雪を見ながら温かいコーヒー牛乳とクリームパンの朝食を食べたいなぁと思ったものである。しかし、サボる勇気も行動力もなかった僕は一度も実行することはなかった。

すでに高校生ではなく中年のおっさんだし、場所も伊吹山ではなくアンデス山脈だが、今ならできる。翌朝、雪山へ朝食を食べに行くことにした。アンデス山脈にあるスキー場まで一時間半程度で到着するらしい。前日に訪れた世界遺産に登録された海港の街「バルパライソ」も、やはり一時間半程度で行くことができた。山や海まで気楽に足を延ばすことができる地の利のよさは、海に面した細長い国土を持つチリの魅力でもある。

スキー場行きのバスが出るターミナルには七時半過ぎから続々と人が集まり始め、次々とマイクロバスが出ていく。上下スキーウェアに包まれたチリ人の若者たちを見ていたら不安になってきた。防寒性素材のタートルとパーカーにジーンズだけの軽装備でスキー場に行くのは少々、無謀ではないか。ターミナルに併設されているスキーレンタルショップでスキーウェアの上着だけを借りた。

チケットを購入し、バスが何台も停まっているところに行き、立っている係員にチケットを見せるとマイクロバスを指す。並んでいるマイクロバスに順番に乗り込

サンティアゴ中心部から約二時間でスキー場があります

み、客が埋まると出発していくようだ。名簿などでチェックすることもなく、空いている席に座るだけ。僕が座った後も、次々と人が乗り込み、席がいっぱいになったところでドアが閉まって出発した。

車内のテレビではチリ人らしき中年男性のスタンダップ・コメディのビデオが流れていた。舞台上を上手から下手まで歩きながら話す様と後ろ髪の縛り具合は綾小路きみまろに似ている。僕の前に座っている若者は、時折、声に出して笑っていた。表情がさほど変わらない地味なスタンダップ・コメディは、言葉がわからないとお手上げである。

ポケットからアイポッドを取り出し、「エア・サプライ」のアルバムを選択した。雪の場所へ行くのに、八〇年代の夏の代名詞のバンドを選ぶこともないのだが、よく聴いていた高校時代に少しでもタイムスリップしたかったのである。

「Feel The Breeze」。普段ならBGMにしか聞こえない英語の曲から、「feel」、「air」、「cold」、「winter」という単語を聞き取った。エア・サプライも「winter」なんて言葉を使っていたのである。

旅先で聴く音楽は、いつもより耳が繊細になるのか、土地の記憶と一緒に音楽が染み込んでいく。そのせいか日本に戻ってから聴き直すと、旅の風景が、ふわっと浮かびあがる楽しさがある。きっと、このアルバムはサンティアゴのバスの中の記憶のBGMとして残るだろう。とはいえ、バスの小気味よい振動と、借りたスキーウェアの温もりで、アルバムを最後まで聴き終える前に、いつしか眠っていた。

身体が何度か揺さぶられて目が覚めると、カーブが続いていて、すでに山道を走っていた。乗り込んだ時は、少し暑いと感じていた車内が寒くなっている。ジーンズしかはいていない足も冷えてきた。足を浮かせ、足首を回して血液を循環させる。

雪景色の中にマンションや一戸建ての建物が現れ始めた。住居なのか別荘なのかはわからないが、たいていどの屋根にもステンレス製のTの字の煙突が立っている。

暖炉とつながっているのだろうか。一つの屋根から三本も四本も立っている建物も多い。間隔をあけて、きれいに並んでいるところもあれば、運動会のムカデ競走のように、四本ぴったりくっついて立っているところもあり、煙突のレイアウトもさまざまである。

建物が建ち並ぶ中にゲレンデが見えると、バスは徐々にスピードをゆるめ、鉄筋のロッジの前に停まった。運転手は振り返ると車内に叫んだ。乗客の一人が腕時計を見ている。どうやら迎えの時間を言っているようだ。降りる際、運転手に向かって、腕時計を指しながら、勘で三の数字を出すと、運転手は首をふって五の数字を出した。迎えは午後五時のようだ。

バスから降りると、ひんやりした空気が頬をなでる。あきらかに街とは気温が違う。それでもスキーシーズンには、まだ早いのか、雪の量は、さほど多くない。メルセデス・ベンツのエンブレムがついた黄色の除雪車も活躍している気配はなく、除雪板に雪は付着していない。

さて、朝食に何を食べようかと考える。というより、店はやっているのか。今さらながら不安になる。一番肝心なことを確認せずに来てしまったのだ。

メインフロアにあるガラス張りのカフェテリアに入ると、室内の電気は灯っていなかった。しかし、ガラスから入ってくる太陽と雪の照り返しでかなり明るい。雰囲気は日本のスキー場の食堂と変わらないが、食べたい物をトレイに取っていき、最後に会計するセルフサービス式の学食や社食の雰囲気にも似ている。

つなぎの服を着た大柄な中年男性が客席の隅の方でハンバーガーをほおばっていた。靴もワークブーツで、とてもスキーをする格好には見えない。スキー場で働いている人なのかもしれない。厨房《ちゅうぼう》は暗く、セルフサービス的なレーンに料理らしきものは何も並んでいなかった。若い女性が、ステンレスのキッチンの上に置かれた箱の中身を確認するような作業をしている。彼女が僕の存在に気づいたので、「OK?」と聞くと、無表情でうなずいて、レジの前にやってきた。

コーヒーを頼もうと思っていたが、彼女の後ろの冷蔵庫に並んでいるビールが見え、咄嗟《とっさ》に「セルベッサ」とつぶやき、男性が食べていたハンバーガーを指差し、「ザット　ワン」と、スペイン語の単語と簡単な英語で注文した。彼女は気だるそうにレジに料金を打ち込んだ。

女性は鉄板にベーコンを二枚並べ、焼いている間に、冷蔵庫からチリのビール「クリスタル」の小瓶を取り出し、栓を抜くと、その上に、やはり「クリスタル」のロゴが入った透明のプラスチックのコップをかぶせて、レジの横に置いた。

いったんベーコンをひっくり返し、上からこてで押さえつけるようにして焼いてから、ハンバーガー用のバンズパンに挟み、包丁で二つに切った。そして、プラスチックの白い皿に載せてできあがりである。

両手に朝食を持ち、どこに座るか客席を見渡す。つなぎを着た男性と僕しかいないので、どこでも座りたい放題である。ゲレンデが一番よく見えそうな窓際の席に陣取った。

温かいコーヒー牛乳の代わりに冷たいビールを、クリームパンの代わりに焼き立てベーコンを挟んだサンドイッチを手に、高校時代に描いていた雪山での朝食が叶ったことに一人祝杯をあげる。

ビールを一口含み、夜ビールとは違った朝ビールの美味しさを噛《か》みしめる。焼きたてのベーコンだけを挟んだバンズパンは、多少パサパサしているが、ベーコンの脂が染み込んでフォローしている。

窓から降り注ぐ太陽は暖かい。しばらく座っていたら、スキーウェアを脱いでしまいそうだ。そのせいか、ゲレンデの雪の状態はあまりよくなさそうで、止まっているリフトもある。

首に華やかなボアを装着したオレンジ色のスキーウェアを着た中年女性が、ゆっくりボーゲンで滑り降り、その後から、黄色のウェアと水色のウェアを着た二人組の若者が、スノーボードで颯爽《さっそう》と滑り降りてくる。一人一人を確かめられるほど客はまばらである。バスにあれだけ乗っていた人たちは、いったいどこに行ってしまったのだろうか。おそらく少しでもいい雪を求め、さらに標高の高い場所へ行ってしまったのだろう。

ゲレンデを見渡すと、チリの国旗が風になびいている。日本のスキー場は国旗を揚げているイメージがない。日本人は、サッカーやオリンピックなど、スポーツイベントでは国旗を顔にまで描いて応援するのに、普段の生活で国旗がなびいている光景は、あまり見かけない気がする。こうして海外の国旗を見ていると、日本の国旗に対するイメージについて不思議に思うことがある。軒先に祝日、国旗を揚げているだけで、右翼的な思想を持つ家と位置付けられてしまう空気が漂うようになったのは、いつからだろう……と、すでに、夜、はしご酒をした後のような思考になっている。朝ビール一本で酔いが回っているようだ。

店内に、中年女性二人組が入ってきた。二人とも大きなフレームのサングラスに、ロングの毛皮を着ている。とてもスキーをする人のようには見えない。彼女たちは窓の外に向かって手を振った。どうやら子供たちだけが滑っているようだ。

彼女たちは、飛行機の機内や新幹線の車内で見かける小さな赤ワインのボトルをトレイに載せ、僕と同じ窓際のテーブルにつき、それぞれのグラスにワインを注《つ》いで飲み始めた。時折、窓越しの子供たちを見ながら、会話に花を咲かせている。朝ワインも美味しそうだ。

ビールの次はそうするか。いや、もう少し酔いを醒ましながら考えよう。戻りのバスの時間まで、まだ八時間近くもあるのだから。朝食にはちょっと長すぎやしないか。

市場で朝ビールは、ご法度？

サンティアゴ・チリ

サーモン、海老、イカ、アサリ、ウニ……敷き詰められた氷の上に日本でも馴染みのある海産物が並び、それぞれの上に赤の油性マジックで値段が書かれた小さな板が置かれている。かなり安いらしい。といっても、僕は基本的に自炊しないので、日本でも魚を買うことがなく、しかもキロ単位でペソの値段が記されているので実感がわかない。

旧市街の中央市場は、ガイドブック風に書くと、「サンティアゴの台所」である。まだ買い物客はさほど多くない。活気づくのは十時頃からなのだそうだ。火、木、土とほぼ一日おきに新鮮な魚が入るので、その時の早めの時間を狙って仕入れに来る日系人の中年男性に連れてきてもらった。彼は日本に来たことはないが、日本語が流暢《りゅうちょう》だ。父親も母親も日本人で、家の中では日本語で育ったので自然に覚えたら

サン・クリストバルの丘から臨むサンティアゴの街

しい。現在は市内で日本料理店を営んでいる。

南米の南西部を占めるチリは、海に面して南北四千三百キロ。東京からタイまでの距離に相当する国土と考えると、チリの市場に並ぶ海産物の種類の豊富さも納得できる。

発展途上国のように魚にハエがたかることもなく、日本の魚市場の清潔さと似ている。台の上に白く濁った細かい氷をざくざく積み上げ、その上に魚を載せていく。白いキャップに白衣、白い長靴姿の男たちが忙しそうに動き回っていた。髭の手入れが行き届いた初老の男性は、まな板で黙々と魚に包丁を刺し込み、おろしていく。

その隣では、銭湯の番台のような少し高い台で化粧の濃い中年女性が椅子に座り、買い物客の会計を担当し、手際よく伝票に数字を書き込んでいた。八〇年代を思い出させるソバージュヘアで、彼女は白衣ではなく、カーキ色のフリースを羽織っている。彼女の脇には木彫りのモアイ像が置かれていた。サンティアゴのはるか西に位置するイースター島に散らばる謎の像だ。四国にある会社が日本からクレーンを持ち込み、修復に協力したという話を飲み屋で聞いたばかりである。

連れてきてくれた彼は彼女と顔見知りらしく、世間話を交わした後、魚を注文した。この店は日本で板前修業をしたことがある職人がいるので、刺身用に捌《さば》いてもらいたい時は、ここに来るのだそうだ。ちょうど彼の店の常連客である日本人駐在員も現れた。この店の刺身が美味しいという情報は、駐在員の間でも知れ渡っている。

いったん建物を出て、マポッチョ川を挟んで対面にある市場にも向かった。こちらは野菜や日用雑貨品が売られている。

場内で野菜のレイアウトを眺めているだけでも楽しい。単に積み上げているだけのところもあるが、にんじんの先を外側に向けて円状に積み上げ、オレンジ色のクリスマスツリーのように飾って売っている場所もある。にんにくは、本来、スペイン語で「AJO（アホ）」だが、冗談っぽく「VIAGRA」と表記されている店もある。文字通り読めば、「バイアグラ」である。なんとなく言いたいことがわかる。日本料理店を営む男性は、「ポパイ」と書かれたホウレン草を購入した。

ツンツンヘアの金髪の東洋人が珍しいのか、みんなが僕に声をかけてくる。中には「ゴクウ！」と叫んで手を振る人もいる。『ドラゴンボール』は世界中で人気のようで、かめはめ波のマネをする若い店員もいた。「うっ！　やられた」と返してあげた方が喜ばれるだろうし、関西人なら、そうするかもしれないが、岐阜県民で人見知りの僕は、照れながらお辞儀をするくらいしかできない。

「市場で朝食でも食べますか、と言ってもやっているかなぁ。普段、ここで食べないからねぇ」

彼は不安げにつぶやいた。市場内には小さな飲食店が数多くあるが、基本的に観光客向けなので、地元の人は、あまり行かないのだそうだ。

再び魚売り場の方に戻っていくと、先ほどよりも少しずつ人が増えてはいるが、まだまだ少なく、市場の中に散らばる飲食店もテーブルの上に椅子が乗ったままである。ビールの銘柄がプリントされた看板の灯りがついている店もあるが営業はしていない。

先ほどの魚屋の女性のところに戻り、どこかやっている店がないか聞いてくれた。彼女は立ち上がって身を乗り出すようにして指差している。

「そこの角の店でエンパナーダを食べさせてくれるらしいよ」

エンパナーダとは、肉や魚をパン生地で包んで揚げた料理で、チリだけではなく、南米全般で食べることができる。魚市場なので中身は新鮮な海産物が詰まっているのだろう。

六畳ほどのスペースに小さな厨房とカウンターテーブルだけの、看板も出ていない店である。小柄な中年女性が仕込みの準備をしているようで、彼がスペイン語で声をかけると、気だるそうにうなずいた。

大理石模様のカウンターテーブルは、厨房との間にすりガラスの衝立《ついたて》もあり、立派なコーヒーマシーンも置かれている。このスペースだけを見たら、ちょっとしたお洒落なバーである。ただ、その脇や後ろを白衣を着たたくましい男たちが、ひっきりなしに歩いている。彼らのように働いている人たちが空いた時間に、ぱっと食べることができる場所なのかもしれない。

「揚げ物だったらコーヒーじゃなく、ビールの方がいいよね？」

彼はエンパナーダと一緒にビールも頼んでくれた。中年の女性店員は小瓶のビールを出すと、すりガラスの向こうで揚げ始めた。注文してから揚げてくれるとは期待ができそうだ。

「クリスタル」の小瓶を互いに持ち、瓶の細い部分をクロス状にぶつけ合って乾杯し、そのまま口をつけた。すっきりしていて飲みやすいビールだが、朝ビールののど越しは、いつもよりホップの苦みを感じる。

ペルーでも「クリスタル」という名のビールを飲んだが、チリの「クリスタル」とは別会社らしい。きっと味も違うのだろうが、僕の舌と記憶では説明できない。

白い小皿の上に二個ずつ載ったエンパナーダが、テーブルの上に置かれた。皿の上に敷かれた紙ナプキンが揚げたての油を吸っている。すぐ食べると口の中を火傷《やけど》するよと警告しているように見える。冷めるまで待つことにしてビール瓶に再び口をつける。

「美味しそうだね。彼女も来たかっただろうなぁ……」

彼がぽつりとつぶやいた。「彼女」というのは大使館に勤める日本人で、僕がサンティアゴで滞在している新築の滞在型ホテルを紹介してくれた。繁華街に近いマンションの一部を貸し出しているらしく、かなり大きな１ＬＤＫで大型冷蔵庫や大きなキッチンが装備され、ベッドルームも広い。スタッフが部屋まで朝食も運んでくれ、毎日、掃除やベッドメイキングもしてくれる好待遇で、日本のビジネスホテルの値段と変わらない。僕が使用しているいくつかの海外ホテルの予約サイトでは登録されていない。こういった通常のホテルとは違った穴場の宿泊施設は在住の方ならではの情報である。

ペルーでお世話になった方から彼女を紹介していただき、彼女からメール上で、そのホテルを紹介してもらってから、一緒に飲み歩くようになり、日系人の彼も加わり、ここ一週間三人で毎日のようにつるんでいた。しかし、彼女は平日の朝は当たり前だが、大使館の仕事があるのだ。

カウンターの中にショートヘアの中年女性が入ってきた。この店もこれから活気づくのか、二人態勢になるのだろう。後から入ってきた女性は僕たちの方をチラチラ見ながら、ビールとエンパナーダを出してくれた小柄な中年女性店員に強い口調で何か言っている。その後、険しい顔で僕らの方に近づいてきて、日系人の彼に声をかけると、飲んでいたビール瓶を二本とも取り上げてしまった。

「午前中はお酒を出しちゃいけないそうだよ、この市場の決まりなのかもしれないね」

彼が肩をすぼめた。この店のオーナーらしき彼女は、小さなガラスのコップを二つ取り出し、そこにビールを注いで、僕らの手元に置いた。

「ビールがなくなったら言ってだって」

彼女はビール瓶をカウンターの陰に隠した。

市場で夜が明ける前から仕事を始め、昼前に終わったら、家に帰る前に一杯飲みたい人たちもいるだろう。そういう人たちはどうしているのだろうか。彼が彼女に聞いてくれた。

市場で朝、飲む人たちは、ワインはコーヒーカップに注ぎコーヒーを飲むふりをして、ビールはコップに注いでジンジャーエールのふりをして飲むのだそうだ。納得である。

そろそろエンパナーダも冷めてきただろう。お行儀は悪いが、少し手で触ってみる。大丈夫そうだ。紙ナプキンでつかんでかぶりつく。肉汁ならぬ海老汁が口の中に広がる。中身は冷めていなかった。自然に口が「ほ」の字型になる。

一口食べた後、小皿の上に戻すと、かじったところから湯気があがっていた。これは美味しい。手で口の中を扇ぎながら、エンパナーダの中身を確かめる。海老だけではなく姫ホタテも入っている。やはりコーヒーや紅茶ではなく、ビールが合う。オーナーと目が合ったので、細かくうなずきながら、親指を立て、グラスに入ったビールを飲み干す。再び彼女は近づいてきて、さっとグラスを取って残っていたビールをすべて注ぎ、再び手元に置いた。そして僕を見て、にやりと笑い、親指を立てた。厳しそうだが、ユーモアはお持ちのようだ。

ブエノスアイレス・アルゼンチン

デモに巻き込まれ、逃げ込んだ店

二十世紀初頭、南米で初めて地下鉄が通った国はアルゼンチンだった。開業当時、ベルギーで造られた木製車両が、二十一世紀の今もブエノスアイレスの地下を現役で走っている。毎日、利用する人からすれば新車両に変えてほしいかもしれない。しかし、僕のような旅行者にとっては、椅子、床、窓枠など木の温もりあふれる車内に癒され、アミューズメントパークの乗り物に乗っているような感覚で楽しい。日本で活躍した中古車両も走っている。名古屋の地下鉄東山線の黄色の車両もあれば、東京の丸の内線の赤色の車両もある。窓に「乗務員室」の文字を残したまま走っている姿を見ると、日本人として誇らしく思う。僕はブエノスアイレスの地下鉄の旅を満喫していた。

「明日は、デモがあるので、大統領官邸の方に行かない方がいいですよ」

昨日、サッカー観戦に連れていってくれたブエノスアイレス在住の日本人女性が言っていた。僕が宿泊しているホテルは、大統領官邸から地下鉄の駅三つ分くらい離れているが、同じマヨ通り沿いにあるので、注意した方がいいと忠告してくれたのである。

ホテルで朝食を済ませ、早々に地下鉄に乗って、大統領官邸から離れた。さまざまな駅で下車して街をぶらつきながら散歩し、違う駅から再び乗る。ブエノスアイレスの風物詩の一つでもある犬の散歩屋の光景を探していたこともある。飼い主から犬を預かり、街を散歩させるベビーシッターならぬペットシッターだ。愛犬家が多く、街に犬の糞《ふん》もよく見かける。だから犬の散歩屋などという職業ができたのかもしれない。インターネットの写真で見た十匹の犬を引き連れる散歩屋を見ることはできなかったが、何名かの散歩屋の姿は見かけ、また、散歩屋が犬を遊ばせる溜まり場になっている広場も見つけた。

そんな光景を撮影しながら散歩していると問題が起きた。前日、デジタルカメラのデータをパソコンに取り込むのを忘れ、撮影できる残数は五十枚を切っていたのである。そこでいったん、ホテルに戻ることにした。だが本当はどこかでデモを見てみたいという気持ちもあった。

大統領官邸の駅から二つ離れたピエドラス駅で降りる。遠くからデモの雰囲気を見ようと思ったのだ。しかし、地上に上がった途端、目を疑った。四方八方、人であふれていたのである。僕はデモの中に立っていた。

リュックを背負った女子大生のようなグループや、すぐにでも暴れだしそうな血気盛んな若い男性たちも集まっている。中には子供連れで鉢巻をしている親子もいた。スローガンのような文字が書かれた旗を四、五名で持っている人たちもいれば、十名以上でシーツを広げたような状態で大きな旗を持っているグループもいる。

しかし、殺気立ってはいない。歩行者天国にわらわらと人が集まっているようなほのぼのした雰囲気である。少なくとも声をあげて訴えている人はいなかった。

アジア人が誰もいない。しかも黒髪がほとんどのアルゼンチンの人々の中で金髪のアジア人は注目を浴びてしまった。

僕が首から下げていたカメラを指しながら、スペイン語で叫んでくる若者がいた。

「撮りませんから」

僕は手を振りながら、カメラのレンズに蓋《ふた》をかぶせようとすると、彼らがポーズをとった。「撮るな」ではなく「撮ってくれ」という意味だった。どうやら僕はジャーナリストと間違えられているようだ。何枚か写真を撮っていると、遠くで大声が聞こえた。そして、ドラムの音も聞こえ始め、それに合わせ、人々が歩きだした。これから始まるのか、それとも休憩中だったのかはわからない。しかし、スイッチが入ったように手をあげて叫ぶ男性もいれば、飛び跳ねる若い女性組もいる。シーツを広げたように持っているカラフルな大きな旗が、上下に揺れ、前日のサッカー場のスタンドを思い出させる。

路上で発煙筒のような花火も上がり、徐々に声も大きくなっていく。暴徒化する可能性がないとは言い切れない。フェードアウトした方がよさそうだ。撮影できる枚数も十枚を切っていた。

デモの進行方向とは逆に流れるように宿泊しているホテルの方へ戻っていった。後ろに行けば行くほど、人がばらつき始め、いつ動かなくなってもおかしくなさそうな中古の古いバスが何台か路上に停まっていた。郊外もしくは遠くからデモのためにバスを借り切ってやってきたのだろう。

バスにカメラを向けると、運転席に乗っていた男性が窓を開け、ものすごい剣幕で怒り始めた。バスを撮っただけだが、彼を撮影したと勘違いされたようだ。「撮ってない、撮ってない」と日本語で言い、手と首を小刻みに横に振り、逃げるように通りをはずれ、カフェのようなレストランに入った。

デモに参加する若者はサッカー観戦のように叫んで飛び跳ねます

追いかけてこないか後ろを見ながら、うなぎの寝床のような細い店内を、奥へ奥へと入っていき、若い女性店員に一番奥の席を指差し、座っていいかを確認してから席に着いた。店内にはテレビが何台か天井からぶら下がり、画面には、外で起きているデモの様子が映しだされていた。

女性店員がメニューを持ってきた際、パブロフの犬のように僕は「ビール」を意味するスペイン語「セルベッサ」を口にした。とりあえずビールを注文してからメニューを考えることは、どこの国、どこの街に行っても変わらない。

メニューには、ステーキのような

「アサード」、臓物系の「パリジャーダ」、ヒレ肉の「ロモ」などが並ぶ。基本的に部位の違いで、どれも肉、肉、肉である。

アルゼンチンカラーの水色のラベルが貼られた「キルメス」のビールが運ばれてきたタイミングで、アサードを注文する。とりあえずデモから逃れた安堵のため息をつきながら、瓶に口をつける。これといって癖がなく、薄くて物足りないとも言えるし、すっきりしていて飲みやすいビールとも言える。

テレビでは特別番組なのかニュースの一場面なのかはわからないが、ホワイトハウスならぬ「ピンクハウス」と呼ばれるピンク色の建物の大統領官邸の周囲でデモ行進している映像が流れている。時折、スタジオのニューススキャスターの女性が映り淡々とニュースを読み上げていた。このデモは、アルゼンチンにとっては、かなり大きな出来事なのだろう。

何度も何度も同じ映像が流れ、テレビを観ることにも飽きてしまった頃、アサードが運ばれてきた。

ファストフードのような店で辛いソーセージのチョリソーをパンに挟んだチョリパン、マラドーナが来ると言われる店（そんな店はいっぱいあるんだろうけど）で、先述したパリジャーダ、アルゼンチンタンゴとセットになった高級店のコース料理のアサードなど、ブエノスアイレスに着いて以来さまざまなタイプの店に行ったが、どこに行っても肉ばかり食べている。

僕も四十歳を超え、肉より魚の方を好むようになっているが、肉料理の国に来たら来たで、ある程度、対応できるものだなぁと自信がついた。ただ、日本のような霜降りの肉が出てくることはなく、赤身の肉だから食べ続けることができるのだとは思う。

ビールを飲み干した後、グラスの赤ワインを注文した。南米のワインというと醸造技術が急速に進歩したチリワインの方が日本では知られているが、アルゼンチンも元々、ワインの生産量が多い。高級なイメージがある「マルベック」というクセのあるぶどうを使用したワインが数百円程度で味わうことができる。「とりあえずビール」的発想が染みついているせいか、一人旅でもビールが多くなるが、肉がこれだけ続くと自然に赤ワインも多くなる。ビールで肉を味わった後、フルボディのガツンとしたアルゼンチンの赤ワインで肉を再度、味わって口の中のバリエーションを増やすという楽しみもあるのだ。

女性店員はテレビを眺めながら、赤ワインのグラスをテーブルに置き、僕に向かって、「困ったものよね？」というような感じで肩をすぼめた。アルゼンチン政府に対する不満なのかとも思ったが、デモ隊に対する不満にも思えた。店内は、ランチタイムを迎えるというのに、客が老夫婦と僕以外にいないのである。みんな、デモを避けて、他の地域に出かけているのかもしれない。

老夫婦はアサードを上品に食べながら、赤ワインを飲んでいた。テレビに時折、目はやるが、それほど興味があるわけでもなさそうだ。男性はチノパンにアイスブルーのシャツを着て、その上にキャメルのジャケットを羽織っている。使い込んだ茶色の革靴もよく磨かれていた。奥様らしき女性もデザインは古そうだが素材がよさそうなワンピースを着ている。ジーンズにエンジ色のパーカー、グレーのスニーカーの僕とは大違いである。

ブエノスアイレスは、昔、カフェにもドレスコードがあったという話も聞いた。実際、街を散歩している時、夜のパーティーに出席してもおかしくないようなお洒落な老夫婦がマンションから出てきて、五十メートル先のカフェに入っていくのを見たこともある。たまたま、誰かの家に遊びに行った帰りと考えられなくもないが、一日のひと時の時間に合わせてお洒落を楽しんでカフェに出かけていくようでもあり、「南米のパリ」の所以《ゆえん》を垣間見た気がした。

テレビ画面に、先ほどと違う映像が流れ始めた。カウボーイをイメージさせるテンガロンハットをかぶった中年男性たちが映っている。そういえばデモは畜産農家によるものだとブエノスアイレス在住の日本人女性が言っていた。ちなみにアルゼンチンの国民一人あたりの牛肉の消費量は世界一位（二〇〇八年）。国の財政が破たんした時でさえ、「国がどうなろうが、肉とワインはやめられない」と国民は言ったという話もある。その何より大事な「肉」に携わる人のデモだから、あんなに人が集まっていたのだろうか。

そう思うと目の前の肉が、違った意味を帯びて見えてくる。もう一度、デモの場所に行ってみたくなった。残った肉を口の中に放り込み、グラスの赤ワインを飲み干した。

癒されるかつ丼

リマ・ペルー

「ペルーにポストなんてあったら、中身を取られちゃうよ」

日系人のホテルのオーナーから、そう返ってきた。飛行機の中で絵葉書を書いていたこともあり、ホテルが用意してくれた車で空港から移動中、街でポストを見かけないことが気になって尋ねたのである。

ここリマでは、ホテルの周囲の一般住宅は、たいてい塀の上に尖った針かくだいたガラスを刺してあり、窓には鉄柵まで施されていた。ホテルも頑丈な鉄門が設置され、インターホンで名前を言わなければ開けてもらえない。

リマでの滞在先は、一軒家のような玄関と共同のリビングがあり、部屋はバスルームつきのアパートのような質素なものという、ペンションとウィークリーマンションを足して二で割ったようなホテルだった。

到着後、部屋に荷物を置き、リビングのソファで日系人のオーナーからさまざまな説明を受けていると、「日本人ですか？」と先に座っていた日本人女性が声をかけてきた。彼女はレーシック手術が盛んなベネズエラで手術をする前に、リマでスペイン語を学んでいると言う。ポストの話で不安が増し「治安悪いですか？」と聞くと、彼女は旧市街でカメラをひったくられた話をしてくれた。

その日の昼は、友人の知人である日本人駐在員とランチをとった。彼は、肩に銃弾の傷痕を持つ元イスラエルの傭兵を護衛として連れてきていた。護衛は、出発する寸前まで車に乗らずフロントの前に立っていた。車のエンジンがかかる時が襲われやすいのだそうだ。

「困ったことがあったら連絡ください。旧市街は特に気をつけてくださいね」

ランチ後、彼は車の窓越しから、そう言い残して去っていった。

初日から立て続けに物騒な光景や話を見聞きした僕は一人で出かけることが怖くなってしまった。到着初日、一人で出かけたのは、近所のスーパーだけである。ペルーの国民的な飲み物だと教わった炭酸飲料水「インカコーラ」、ペルーのビール「クリスタル」、ペルー産赤ワイン、そして、スナック菓子を購入し、語学留学中の日本人女性とホテルのリビングにある大型テレビの前で、ペルーのクイズ番組を眺めながら酒を飲んだ。

ホテルのオーナーが、ペルーの酒「ピスコ」を差し入れてくれた。アルコール度数の高いぶどうの蒸留酒である。ブランデーを透明にした感じで、そのままでも美味しいが、ライムジュースで割り、卵白を混ぜ、上にシナモンを振ったカクテル「ピスコサワー」の方が知られている。

ピスコは、リマから二百キロほど南にある地で、そこから、さらに二百キロほど南に行くと地上絵で知られるナスカがある。ピスコの酒の話から、オーナーが、翌日のナスカの地上絵の日本語ツアーに誘ってくれた。このままだと、怖くて街の一人歩きなどしないのだから、行ってみることにした。

ヘリコプターから見たナスカの地上絵は、今まで体験したことのない不思議な光景だった。そのツアーに一緒に参加した日本人女性二人組は、インカ帝国の遺跡「マチュピチュ」にも行ってきたらしい。移動中の車内で僕が、マチュピチュに行く予定はなく、誘われなければ、ナスカの地上絵も来るつもりはなかったと話すと、彼女たちは、目を見開いて驚いた。いったい何のためにペルーに来たのか尋ねられた。なんとなくリマの街に行ってみようかなぁと思ったくらいで、特に理由はないと答えると、彼女たちは首をひねり、旅で求めているテーマは何かと聞いてきた。

テーマというのかどうかはわからないが、もし、この街で自分が生まれたらどんな生活を送っていただろうと空想することはあると答えた。だから、その街の公共交通機関を使い、スーパーに行って日常の品を買い、郵便局に行って葉書を投函し、街の映画館で映画を観て、美容室で髪の毛を切るなど、街の生活に触れることが好きである。

「いろいろな旅があるんですね」と彼女たちは感心したような表情になった。いい話をした空気になり、きっと僕も〝どや顔〟になっていたと思う。しかし、その直後、「リマの街はどうですか？」と聞かれてしまったのである。怖くてまるで歩いていないとは言えず、「まだ、スーパーしか行っていないんですよね。まぁ、明日からですかね」と言葉を濁した。

ホテルに戻ってから、語学留学中の女性に、車内の一連の話をすると大笑いされた。

「リマは、まだマシですって。ベネズエラはもっと治安悪いですから。だから、私は、ここで、スペイン語学んでいるんですよ」

十歳ほど年下の女性に変な慰められ方をした。

翌朝、まず、近所の美容室に行き、やたら身体をくねくねさせながら切る男性美容師に茶髪から金髪にしてもらった。金髪にすれば、少しは強面《こわもて》になると思ったのである。

一眼レフカメラはホテルに置いておき、小型カメラだけを内ポケットに入れ、財布も持たず、クレジットカード一枚と、ソル紙幣を五千円程度持ち、一部は靴下に入れた。こんなことまでして外に出かけるのは、中学生の時のカツアゲ対策以来である。

リマには地下鉄やトラムがないので（その後、地下鉄は二〇一一年一路線開通）、語学留学中の女性からバスの乗り方を教わり、ワゴン車やスクールバスのような小さな路線バスに乗って新市街にあるリマ文明の遺跡まで行ってみた。車内の集金係に行き先を言って一ソルを渡す。それで足りないという表情をされたら、もう一ソル渡すと釣銭が返ってくる。二ソル超えることはないと彼女は言っていた。慣れると意外に簡単である。新市街の少しの距離でも、バスに乗り、徐々に距離を延ばしながら使いこなせるようにしていった。

車窓を眺めながら、目つきの悪い二十代の若者がたむろしている光景を見つけ、「この地区は治安が悪そうだなぁ」と思う場所も時にはあるが、僕の想像していた、映画『マッドマックス』のような荒廃した土地ではなかった。当たり前だが、市民は普通に生活している。初日にお目にかかった日本人駐在員は、会社でもかなり重要なポストについていたので警護がついていたのと、僕に危ない目に遭ってほしくないので、あえて大袈裟《おおげさ》に言ったのだろう。

数日後には、その駐在員から「特に気をつけてください」と言われていた旧市街も一人で歩けるようになっていた。旧市街にあるリマ美術館に立ち寄り、新市街へ食事がてら映画を観に行こうとした。

美術館の近くからバスに乗り、しばらく走った後、回ってきた集金係に行き先の新市街「ミラフローレス」とつぶやくと首を横に振った。フロントガラスに貼られた行き先が書かれたパネルを見たつもりだったが、どうやら間違えたらしい。一ソル支払って次に停まった場所で降りた。

だが慌てて降りた場所は、周囲に観光客の姿がまったくない。停留所近くをぶらついている老若男女の視線を感じる。「なんでコイツこんなところに来ているんだ？」という目で見てくるのだ。バスの車窓から見た、治安が悪そうに感じていた場所の雰囲気に近い。早く離れた方がよさそうだなぁと思った瞬間だった。

口笛の音が聞こえ、振り向くと、若い男性からしわしわの茶色い紙袋を渡された。よく外国で見る、昼食のサンドイッチとりんごなどが無造作に入っている感じで、紙袋の口は空いておらず上をぐるぐると巻いた状態である。男は不気味な笑みを浮かべていた。

僕は紙袋を男に押しつけるように返し、ちょうど停まっていたバスに、行き先も確認せず乗り込み、運転席の近くまで進んでいって座った。

あの紙袋が何を意味する物だったのかはわからない。押し売りの可能性もあれば、単にマリファナなどで気持ちよくなっているところに、見かけない金髪の東洋人が現れたので「一緒に楽しもうぜ」と仲間に引き込もうとしたのかもしれない。荷物を渡した後、ニセ警察官が現れ、紙袋の中に、麻薬が入っていると言いがかりをつけ、それを見逃すための金を請求された話も聞いたことがある。さまざまな可能性を思い浮かべては、その後の展開を想像し、慄《おの》いていた。

バスが動き出し、集金係が回ってきたが、行き先も言わず、二ソル支払い、土地勘のある見慣れた風景が現れるのを待って飛び降りた。

遠くに見える白と茶褐色の九階建てのビルに向かい、後ろを何度も振り返りながらひたすら歩いていた。初日、語学留学中の女性にスーパーの場所を教えてもらいがてら連れてきてもらった日系ペルー人のための日秘会館である。日系移民の博物館やコンサートホールがあり、図書館もある。入り口に立つ警備員の脇にある金属探知のゲートをくぐって中に入る。日本人であれば、何も言われないらしい。目当ては、うどんや牛丼などを食べることができる食堂だった。天井が高く開放感のある食堂は、昼時ということもあり、ほとんどの席が埋まり、食事をしている人もいれば、コーヒーを飲んでいる人もいた。

木目調のテーブルの上には、ローマ字で書かれたメニューが置かれている。働いている女性たちも日系人のようで、日本人の顔をしているが、食べ物以外の日本語は通じなさそうだ。

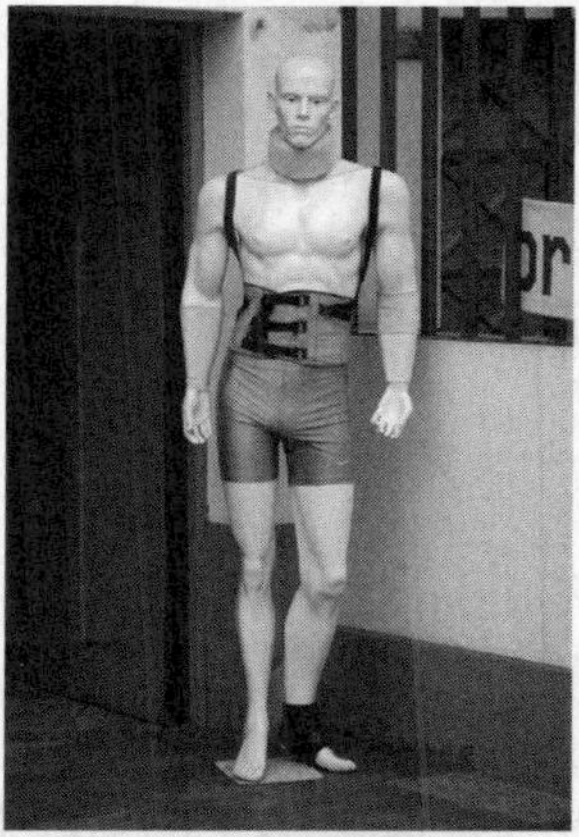

コルセットをしたマネキンが多い。
リマの住民はケガが多い？

インカ帝国の都として知られる世界遺産「クスコ」からつけられた「クスケーニャ」の生ビールが運ばれてきた。ペルーで人気があるビールで、後味すっきりと言えば表現はいいが、よくも悪くもあまり印象に残らないビールである。

一口飲んでジョッキを置き、改めて長い息を吐く。身体の力が一気に抜けた。食堂はスペイン語であふれているが、日系人の顔で埋まっている。僕は日本食を食べたかったというよりは、この光景を求めていたのだろう。

治安の悪い話に怯《おび》えながらも、街を散策しているうちに、「たいしたことない」と油断し、「旅慣れているから大丈夫」といい気になってしまっていたのだ。しかし、実際、怖い目に遭い、はっとさせられたショックは大きかった。

白い受け皿に載った白い丼が運ばれてきた。半熟の卵でとじられたとんかつがたっぷり載ったお馴染みのかつ丼である。箸でとんかつを持ち上げると湯気があがり、甘いたれの匂いを感じながら、一切れ口にする。卵やとんかつ以上に、醤油の味にほっとし、かつ丼に慰められているような気がした。

昔、刑事ドラマの取調室のシーンで、かつ丼が出て、犯人が涙をこぼしながら自白するシーンがあった。「そんなバカな」と思っていたが、今なら、その犯人の気持ちが何となくわかる。隠し事を聞かれたら、洗いざらい何でも答えそうだ。

無我夢中で、かつ丼をほおばり、箸を一度も置くことなく、一気にかきこんだ。食後に、置き去りにされた生ビールをちびちび飲みながら、食堂の空気を思う存分、吸い込み、そのままホテルに戻った。

リビングのソファに美人の若い日本人女性が座っていた。到着したばかりらしいが、すでに語学留学中の女性と仲良くなって談笑していた。僕も誘われ、その輪に入れてもらい、ペルー産の赤ワインを一緒に飲み始めた。

元キャビンアテンダントの彼女は、世界一周している途中で、トランクがロンドンの空港でロストバゲージに遭い、手荷物以外の荷物がなくなってしまったそうだ。出てくる気配がなかったので、あきらめて、少しずつ荷物を買い足しながら、旅を続け、ペルーまでやってきたと言う。なんともたくましい。

「今日はどちらに?」

二人に聞かれ、美術館に行った後、旧市街であやしい紙袋を渡され、突き返した話を武勇伝のように語った。しかし、その後、日秘会館にかつ丼を食べに行き、泣きそうになった話はしていない。

美容室で髪を編みつつ飲むビール

ワガドゥグー・ブルキナファソ

この国はヘルメットをかぶるルールがない。二日酔いの状態でブルキナベ（ブルキナファソ人のことをそう呼ぶ）の女性デザイナーが運転するバイクの荷台に乗っていた。顔面に直接、風を受けることで体内に残るアルコールが吹き飛ぶような気がした。

昨晩、ブルキナファソに派遣されているJICA《ジャイカ》（青年海外協力隊）の若者を交えた飲み会で、ビール以外に赤ソルガム（モロコシの一種で粒が小さく粟に似ている）で作ったブルキナファソの地酒「ドロ」を飲んだ。作った人や作った日の温度・湿度によって味は違うらしい。昨晩のドロは酸っぱめのヨーグルト、もしくは酸味が強いマッコリといった感じだった。飲みやすく、ついつい調子にのって飲み過ぎたら、この有様である。

二十分ほど走っただろうか。大通りから路面のでこぼこが多い舗装されていない細い道に入っていくと食料雑貨店などの店が並ぶ長屋に到着した。携帯電話ショップの前に置かれたベンチでは店員らしき男性が気持ちよさそうに眠り、二日酔いの僕にはうらやましく映る。

その並びにパーマをかけた黒人女性の写真がプリントされた看板がある。予約している美容室のようだ。昨晩、酔った勢いでドレッドヘアにしたいと通訳してもらった。一緒に飲んでいた女性デザイナーは、すぐに友人の美容師に携帯電話で連絡をとってくれたのである。ドレッドヘアとは、髪の毛を編み込み、ロープが何十本も垂れ下がったような髪型である。二十代の頃、この髪型に憧れ、髪の毛を伸ばし、美容室でお願いしたことがあった。しかし、髪の毛の長さが足りないと言われ、結局、それ以上、伸ばすことをあきらめ、切ってしまった。この国の人にその話をすると、ドレッドヘアは、つけ毛でもできるというではないか。だったらやってみようと思ったのである。

入り口の前に大量に干してあるタオルスタンドの脇を通り、店内に入っていくとおそろいの黒のキャミソール姿の女性三人組が入り口近くに置かれたソファに座って雑談していた。彼女たちは僕の姿を見ると雑談を止め、怪訝そうに見上げた。デザイナーの彼女が美容師三人組に僕を指しながら説明を始めた。現地語のモシ語も公用語のフランス語も僕にはさっぱりわからない。

けっして広くない店内は自然光のみで電灯は灯っていない。ソファの対面にある壁際に蔦《つた》の飾りが周囲に施された大きな鏡が張られ、その前に白い机と折り畳み椅子が二セット並び、その脇に黄色のカーラーの入ったザルが置かれた棚がある。美容師三人組は大声で笑い始めた。美容師たちはドレッドヘアにしてほしい日本人がいるとは聞いていたが、男性とは思っていなかったようだ。

この国で見かけるドレッドヘアのブルキナベは女性ばかりである。男性は圧倒的に短髪が多い。街中に男性専門の床屋らしき看板を見かけたことはあるが、そこに描かれたイラストはどれも丸刈りに近かった。滞在中、地元のテレビ局で美容師がヘアスタイルを競う番組を観たが、作られていた髪型は、やはりすべて短髪で、登場した男性美容師たちは、はさみを一切使わず、バリカンだけで仕上げていた。

女性デザイナーは両手を広げ、首を傾《かし》げる。「ホントにやるの？」とでも言いたそうだ。僕がうなずくと美容師三人組は顔を見合わせ、ため息交じりにうなずき、折り畳み椅子に僕を座らせた。女性デザイナーは携帯電話を耳に当てるジェスチャーをした。終わったら電話をくれということなのだろう。僕はポケットから携帯電話を取り出し、彼女の電話番号を確認すると指でオッケーサインを出した。

彼女が去った後、美容師三人組は僕を囲み、長さ二十センチほどの逆立った髪の毛を興味深そうに触り、「これが日本人の髪質かぁ」といった感じで言葉を交わしていた。紫のパンツをはいている女性が黒、茶色、金髪の三種類のつけ毛を持ってきた。つけ毛の色を選べと言っているのだろう。僕は茶色を選んだ。その時、僕の髪の毛は黒ではなかった。美容雑誌に世界の美容室の体験記を連載していて、二カ月前、フィンランドの美容室で真っ赤の髪になり、一カ月前、リトアニアの美容室では茶髪にしてもらったのである。

デニムのスカートをはいた女性とペイズリーの柄が入った白いパンツをはいた女性が、二人とも霧吹きを持ち、僕の髪を濡らした後、つけ毛の入ったビニール袋を破り、それを小分けにして、その一つを手にすると、さっそくつけ始めた。洗髪するわけでもなく、櫛《くし》でとかすわけでもなく、いきなりドレッドヘアの作業が始まったのである。

紫パンツの女性は彼女たちの助手のようで他の二人がつけ毛を編み込んでいく様子を眺め、なくなりそうになると小分けにしたつけ毛を手渡した。

彼女たちは最初は話しかけてきたが、まったく通じないことがわかると一切、話しかけなくなり、先ほどソファでしていたように三人で雑談しながら手を動かしていた。二日酔いが残っている僕はモシ語の会話をBGMにうとうと眠りに落ちていった。

甲高《かんだか》い声で目を覚ますと鏡に中学生らしき女子学生五人組が映っていた。彼女たちは鏡越しに英語で話しかけてきた。

「ホォワッツ ユア ネーム?」

「ホォエア ユー フロム?」

英会話のレッスンでもしているかのように五人が順番に同じ質問を繰り返す。アジア系の男性が美容室に入っていったという話をどこかから聞きつけ、英語が通じるか試してみようとやってきたのだろうか。

「アイ アム イシコ」「アイム フロム ジャパン」

僕がそう答えると彼女たちは、キャッキャッと笑い、満足したように店を出ていった。

中学生の次は女性用の下着を入れたカゴを持った中年女性が入ってきた。どうやら物売りのようだ。美容師三人組は手を止めて物色し始める。「今日のところはいいわ」といった感じで誰も買わなかった。

次に生地を売る女性が、しばらくすると鞄や靴を売る男性が、と物売りが続々と現れる。そのたびに三人の美容師は作業を中断し、物色し始める。挙句の果てには、美容師たちが僕のところへサンダルを持ってきて、「あなたも一つどう？」といった感じで笑いながら勧めてくる。そんな状態なので作業はなかなか進まない。

物売りもひと段落し、再びうとうとしていると肩を叩いて起こされた。紫パンツの女性が僕に空袋をひっくり返して見せた。つけ毛がなくなってしまったようだ。他の二人は、まだドレッドヘアになっていない髪の毛を触りながら、首を振った。僕の髪の毛の量が多いということを伝えたいようだ。紫パンツの女性は空のビニール袋を持って外に出ていった。きっとつけ毛を買いに行ったのだろう。彼女を追うように他の二人も外に出ていき、店内には僕だけが残された。

扇風機が回転するカラカラという音が響き、鏡には三分の二ほどドレッドヘアになり、腫《は》れぼったい目をした眠そうな中年男の上半身が映っていた。携帯電話で時間を確認すると十二時を回っている。作業を始めてからすでに三時間近く経っていた。

後から出ていった二人が茶色のスープがかかったフトゥの入った皿を手に戻ってきた。フトゥとはヤムイモをふかして杵《きね》でついた餅《もち》である。これにさまざまなスープをかけて食べるブルキナファソ料理だ。彼女たちはソファに座り、食べ始めた。ランチタイムのようだ。

僕の視線に気づいたのか、彼女たちは「あなたも食べる？」といった感じで皿を持ち上げた。ちょうどそこへ紫パンツの女性がつけ毛を買って戻ってきた。フトゥを食べていた彼女たちは僕を指しながら何やら言っている。紫パンツの女性は僕のところに寄ってきて自分も昼ご飯を買いに行くから、あなたにも何か買ってこようかとジェスチャーとフランス語とモシ語（たぶん）を混ぜて声をかけてくれた。言葉はわからなくても、なんとなく伝わるものである。二日酔いは楽になったが、ご飯を食べるほどの食欲はなかった。かといって水を頼むというのも味気ない。

彼女が僕を見つめながら答えを待っていた。結局、この国に来て、一番使っている言葉「カステル」なるブルキナファソのビール名を言い、ポケットから千セーファーフラン（約二百五十円、二〇〇八年当時）を渡した。その名前を聞いた美容師たちは笑った。

五分後には鏡の前に、瓶の先にガラスのコップをかぶせたビールが置かれた。瓶に水滴がついているところを見るとかなり冷えている。一杯目は一気に飲み干し……といきたいところだが、二日酔い明けには、ちと辛い。ちびちびと舐《な》めるように飲みながら彼女たちの食事が終わるのを待った。

再びドレッドヘアの作業は始まったが、食べる前より明らかに作業スピードが落ちている。デニムスカートの女性が、あくびをしながら、リモコンを手にとった。棚の上のテレビがついた途端、ペイズリーの女性が声を上げる。二人は鏡越しに僕に何やら言った後、再び作業をやめてしまい、ソファに戻っていった。テレビではフランス人らしき白人のカップルが見つめ合っている。フランスのメロドラマだ。このドラマが終わるまで作業は始まらないだろう。僕はぬるくなったビールのコップに口をつけ、再びテレビに目を戻し、一緒にテレビを観ることにした。フランス語はわからなくても誰と誰の恋愛物語かくらいはわかる。

ビールを飲んで血流がよくなっているせいだろうか、それともドレッドヘアで髪の毛が長くなり、引っ張られて頭皮が刺激されているからだろうか、髪の毛の生え際がかゆくなってきた。下手に掻《か》いて、つけ毛が取れてしまっては困る。眉毛を上げ下げしながら頭皮を動かし、かゆみに耐えようとした。しかし、我慢できず、注意深く小指の爪で押さえつけ、揺らしながら頭皮を掻く。そして、ふと思った。この髪型って、どうやって洗髪するのだろう。でも、聞きようがないよなぁと鏡越しに彼女たちを見る。ソファに座った美容師三人組は、うっとりした顔でドラマを眺めていた。

結局、僕の髪型が仕上がったのは、作業を始めてから六時間後のことだった。その日の晩、シャワーを浴びていたら、さっそくロープのようなドレッドヘアのつけ毛が足元に一本落ちていた。

「世界最貧国」の評価で隠れてしまう幸せの形

ワガドゥグー・ブルキナファソ

昼間のワガドゥグーの街は四十度近かった。しかし、舗装されていない道が多いせいか、熱がこもりにくい。夕暮れになると体感温度は一気に下がり、風が心地いい。

子供たちがサッカーをする様を眺めながら、この街に住む飯田さんの所用が終わるのを待っていた。東京で通っている美容室の美容師に、僕が世界一周のプロジェクトを始める話をすると、「旅の途中で、父の様子を見てきてくれませんか？」と頼まれたことが、ここブルキナファソを訪れるきっかけとなった。その時まで名前も知らない国だった。

美容師の父というのが飯田さんだった。彼はシニア海外ボランティアとして、この国に派遣され、滞在中に、この国に魅せられ、二年の任期が終了した後も住み続けていたのである。

時折、子供が蹴ったボールがゴールをはずれ、座っている僕の足元に飛んでくる。最初は手で投げ返し、次に足で蹴って戻し、いつしか彼らと同じように裸足になり、サッカーに加わっていた。彼らはチームを分けて試合をしているわけではない。ゴールキーパー役の子供が蹴ると、一斉にボールに群がり、その時の位置でなんとなく敵味方に分かれる。

守りが少ないと思えば、ディフェンスにまわり、遠くにボールが飛んでいってしまった時は、取りにいった場所から蹴り込む。僕は「しまった！」と日本語で嘆き、彼らは現地のモシ語か公用語のフランス語か、どちらにしろ僕にわからない言葉で叫ぶ。互いに言葉が通じなくても笑い合い、一体感を感じる楽しさがスポーツにはある。大道芸や音楽と同じように。

飯田さんの運転手を務める中年男性が現れた。フランス語のありがとう「メルシー」と言って子供たちと別れ、彼の元に向かう。彼は飯田さんから「アブさん」と呼ばれていた。

「ナニシテイマシタ？　サッカーデス」

アブさんは自問自答して、僕に日本語を確かめてはケタケタ笑う。彼は日本語が

舗装されていない道路は、熱はこもりにくいが、土埃がすさまじい

堪能である。彼が日本語の本を開いているところもメモをとるところも見たことがない。とにかく日本語を使う。「オスワリクダサイ」と「オサワリクダサイ」の「ス」と「サ」で意味が大きく違うことを日本人の僕に教えてくれたりもする。彼を見ていると、これが語学上達の基本なのだろうなぁと、つくづく思う。

アブさんのワゴン車には、飯田さんだけではなく、飯田さんの家のお手伝いさんとして働くサンドリン、彼女の姉でデザイナーのクリステルも乗っていた。いつも、アブさんの車は、クーラーが利きすぎているが、サッカーの後だと、ちょうどいい。

顔を撫《な》でると、いつにも増して、ざらざらした感触がある。身体にまとわりつく砂にも、すっかり慣れた。年の十カ月は乾季で、雨が降らない。舗装されていない道が多いことは体感温度にはありがたいが、地を舞う土埃《つちぼこり》の量は半端ではない。建物の中にさえも入りこみ、朝、テーブルを拭いても、昼には、うっすらと白くなっている。よってパソコンもカメラも使い終わったら、トランクの中にしまっておく。当然、着ている服にも付着し、Tシャツを手洗いで洗濯すると水が赤茶色に濁る。

夕食の場所は、ビアガーデンのような広い屋外レストランだった。レストランといっても、広場に青いビニールクロスが敷かれたテーブルとプラスチックの椅子が無造作に置かれただけ。照明もないので、夜になったら、真っ暗な中で食べることになる。

太陽が沈む前に、乾杯だけは間に合った。

「やっぱり、これが、一番コクがあって、うまいねぇ」

飯田さんはコップに注いだブルキナファソのビール「カステル」を一気に飲み干す。この国には国産のビールが何種類かある。アフリカにはビールの醸造が盛んな国がいくつかあり、ブルキナファソもその一つで、近隣国のナイジェリアでは、黒ビールで知られるギネスも醸造している。

「アレハ　コナ　ヲ　ミズ　デ　トカシタ　ダケ」

アブさんが、まるで機密情報でも告げるかのように教えてくれる。そんなわけはないのだが、「嘘でしょ?」と聞くと「ホントダヨ」と彼は怒る。

サンドリンもクリステルも、簡単な日本語はわかるが、込み入った話になるとわからないので、ニコニコしながら、ビールのグラスを傾け、飯田さんが、時折、フランス語で通訳してくれる。逆に四人がフランス語で会話している時は、僕は周囲を眺めていた。日没前後の変わりゆく空は、いつまで見ていても飽きないものである。

太陽は沈み、青白い余韻も消えかかり、机の上は次第に見えなくなっていく。ぼんやりした薄暗さと涼しさは、夏休み、外で遊んでいて、家に帰るのが名残惜しかった気持ちを思い出させる。

ここからの空の動きは早い。あっという間に暗くなる。あいにく月も出ていない。暗闇に目が慣れるといっても視界には限度がある。目の前に座っている黒人の三人の顔の輪郭もあいまいになっていき、時折、笑う歯が白く浮き上がる。

広場の真ん中あたりにある建物が厨房《ちゅうぼう》のようで、そこから漏れる灯りが唯一の光源である。その建物の入り口のところにテレビが設置され、そのテレビの灯りも大きな光源の一つになっていた。テレビの周囲には、サッカーを観戦しているブルキナベの若い男たちが十名ほど集まり、ビール片手に騒いでいた。

その中に混じっていた男性店員が、大きなアルマイト製のやかんを持ってきて我々のテーブルの上に置いた。やかんの水で手を洗うのだ。

この国の食事はスプーンやフォークを使って食べることもあるが、手で食べることも多い。飯田さんがやかんを持って、それぞれの椅子を回り、傾けて水を出してくれ、順番に手を洗う。足元は土なので、どこで水を出そうが問題ない。乾季の土がすぐに吸い込んでくれる。飯田さん自身は、神社の手水鉢《ちょうずばち》で柄杓《ひしゃく》を使って手を洗うかのように慣れた手つきで、自分の両手に交互にかけ、手を洗っていた。

手を洗うのに合わせたかのように料理が現れる。鶏料理と魚料理らしいが、よく見えない。持っていたデジカメでフラッシュを焚《た》いて写真を撮り、カメラの液晶画面で料理を確かめた。

お盆のような銀の皿一面に鶏のから揚げが、びっしり詰まり、その上に、みじん切りのトマトとたまねぎが、かかっている。もう一皿は、辛《から》そうな赤いソースの中に魚が一匹丸々、埋まっている。

味が想像しやすい鶏肉から手をつける。目をこらしながら、右手でひと塊取ろうとしたが、いったん手を放してしまうほど熱い。アブサンも姉妹も動じることなく食べ始めている。

「彼らと手の皮の厚さが違うんじゃないかなぁって思うことがあります。我々は少し待ってからの方がいいですよ」

飯田さんは笑いながら、ビールをすする。しばらく待ってから、再び手に取り、口も熱さに耐えながら、一口かじる。養鶏ではなく、放牧している鶏のせいか、ぎゅっと身が引き締まっている。

すでに右手は油だらけなので、ビール瓶もコップも左手の手元に置く。アブさんは、ビールを注いだ後、必ず瓶に栓をする。土埃が激しいので蓋をしているのだと思っていたが、どうやら違うらしい。

「アンサツ　コワイネ」

ギネスのビールの話をした時と同じように声を潜めた。瓶の栓をするのは薬を入れられないための防衛策だと言うのだ。この国では、暗殺といえば、瓶に毒薬を入れることを思い浮かべるらしい。

ある村の首長が、その方法で毒殺された話をしてくれた。この国は今でも一夫多妻制の風習が残っている。首長には、五人の妻がいたが、三番目の妻がお気に入りだったようで、ある日、彼女にこっそりプレゼントを贈った。その光景を第一夫人に見られてしまったのである。第一夫人を大切にする、もしくは敬わなくてはいけないらしい。一夫多妻制に憧れる男性の話を聞くことはあるが、それはそれで大変なのだ。怒った第一夫人は、夕食時、ビールに毒を入れ、首長を暗殺した。

これまた、どこまでホントの話なのかはわからないが、飯田さんも別の場所で聞いたことがあると言うし、サンドリンもクリステルもうなずいているので、少なくともこのあたりでは、みんなが知っている話のようだ。その話が元で、アブさんは、ビールに栓をする癖がついてしまったらしい。ちなみにアブサンの妻は一人だけである。

汁気のある魚料理に手を突っ込むと、これまた熱い。沼で獲れたキャプテンという名の魚らしい。ブルキナファソは海がない国なので、魚と言えば、沼地か川で捕れた魚になる。

皿の上に横たわっているキャプテンは、体長三十センチほどだが、大きいものだと全長一メートルを超えるものもいるらしく、熱帯魚愛好家の中では、観賞用に購入する人もいるそうだ。香辛料をたっぷり使ったソースで煮込んでいることもあるが、沼地の魚とは思えないほど、泥臭くなく、うま辛い。

「ビール多めに頼んでおいて正解だったでしょ？　あの様子じゃ、当分、注文を取りに来ないかもしれないからね」

テレビの前で歓声が上がる様子を見ながら、飯田さんがつぶやいた。どちらかのチームが点を入れたらしい。パソコンを含めるとテレビが一人一台になろうとしている日本人にとって、大人数で小さなテレビを観るという光景は新鮮である。パブリックビューイングとは、また違った温かさがある。

「世界最貧国とか人間開発指数が低いとか、この国を紹介する際に出てくる言葉に疑問を感じるんですよね。その部分ばかりをクローズアップして、魅力的な部分が陰に隠れてしまうような気がして……」

飯田さんの表情も、暗闇で、ほとんど見えないが、きっと、いつもの優しい笑みを浮かべているのだろう。

この国では場所によっては熟したマンゴーが落ちていて、それを拾って食べることだってできる。つまり、お金がなくても美味しいマンゴーにありつくことが可能なのだ。実際、そのマンゴーを食べたが、見た目は悪くても、中身はみずみずしくて美味しい。切って出されたら、「千疋屋《せんびきや》」の一つ五千円のマンゴーだと言われても僕だったら信じるだろう。

トランクも閉まらないようなボロボロの車のバッテリーが上がってしまうと、通りがかった五、六人の男たちが声をかけ合って楽しそうに押し、エンジンがかかると、みんなで喜び合う。街に音楽があふれ、市内の無料で使えるスタジオでは、ミュージシャンたちが、ギターをかき鳴らし、ジャンベを叩く。着ている服は粗末だし、暮らしが楽でないことは想像できるが、そこに悲壮感はなく、生きていること自体が楽しそうなのだ。少なくとも僕の目にはそう映る。

サッカーに興じていた子供たちのように、僕のようなおじさんを抵抗なく受け入れて一緒に遊ぶこともできる。日本であれば、「知らない人と話をしない」が優先され、不審者扱いになる可能性だってある。その前に、今の日本の小学生は塾とゲームに忙しいだろうが。

経済活動のプレッシャーに押しつぶされそうになりながら働き、偏った常識と「べき論」が支配する国で生活するのと、どちらが幸せなのだろう。

ビールが進み、僕と飯田さんで「幸せ」について語り合う隣で、アブさんがサンドリンとクリステルに日本語の説明をしていた。「あなたはきれいです」と「あなたはきらいです」と「れ」と「ら」の違いで日本語の意味が大きく変わることを。

心地よい風に料理の匂いを感じ、こちらに向かってくる足音を耳でとらえた。暗闇で視界が利かないせいか耳も鼻もいつもより敏感なようである。ビールの追加を頼めそうだ。

世界《せかい》一周《いつしゅう》の飲《の》み歩《ある》き　朝日文庫

2016年８月30日　第１刷発行

著　者　イシコ

発行者　友澤和子
発行所　朝日新聞出版
〒104-8011　東京都中央区築地5-3-2
電話　03-5541-8832（編集）
03-5540-7793（販売）
印刷製本　大日本印刷株式会社

ISBN978-4-02-261875-7

ハングルへの旅
茨木 のり子

五〇代から学び始めたハングルは、魅力あふれる言葉だった——隣国語のおもしろさを詩人の繊細さで紹介する。

印度放浪（合本）
藤原 新也

インド世界を独特のカメラ眼とペンで感性ゆたかにとらえた藤原新也のみずみずしい第一作。カラー版。

西蔵《チベット》放浪
藤原 新也

ラマ教社会の森羅万象に鋭い視線を注ぎ、透明な観想空間を案内する天寿国遍歴行カラー版。

ザ・ペニンシュラ・クエスチョン（上）（下）
朝鮮核半島の命運
船橋 洋一

小泉訪朝から北朝鮮核実験に至るまでの六者協議の水面下の駆け引きを、各国要人一五〇人超へのインタビューで解明したノンフィクション大作。

北朝鮮へのエクソダス
「帰国事業」の影をたどる
テッサ・モーリス－スズキ著／田代 泰子訳

日本政府・官僚、国際政治、赤十字の思惑で、「帰国事業」は始まった。隠蔽された歴史を読み解き、翻弄された人々も描く感動の力作。〔解説・姜 尚中〕

紅《くれない》の党
完全版
朝日新聞中国総局

薄熙来《はくきらい》事件を機に中国共産党の闇に迫った朝日新聞好評連載の文庫化。党幹部候補生の実態を描いた第四部、中南海を探る第五部を加えた完全版。

山本　容子
パリ散歩画帖
人気銅版画家が伝授する自分だけの旅ノート作り。パリの小路を散歩しながら、旅の思い出をコラージュ。オリジナルポストカード付き。

山野　勝
大江戸坂道探訪
東京の坂にひそむ歴史の謎と不思議に迫る
東京の坂の成り立ちといわれ、周辺の名所や旧跡などを紹介した坂道ガイド。有名な坂から知られざる坂まで一〇〇本を紹介。〔解説・タモリ〕

日本航空編
機長たちのコックピット日記
「絶景ポイントはどこ?」「飛行機に門限?」「環境に優しい旅客機は?」「パイロットになるには?」など、機長ならではの秘話が満載。

日本航空『AGORA』編集部編
機長たちのコックピット日記002便
「旅客機から見た花火はどんな形?」「フライト・ナンバーはどう決まる?」など、現役機長が明かす、空の旅がもっと楽しくなる秘話四八編!

朝日新聞社
京ものがたり
作家・スターが愛した京都ゆかりの地
美空ひばりや黒澤明、向田邦子ら明治から平成にかけて活躍した著名人三五人と京都にまつわるエピソード。朝日新聞の人気連載が一冊に。

池上　彰編・著
世界を救う7人の日本人
国際貢献の教科書
緒方貞子氏をはじめ、途上国で活躍する国際貢献の熱いプロフェッショナルたちとの対話を通じ、池上彰が世界の「いま」をわかりやすく解説。

朝日文庫

下川 裕治
12万円で世界を歩く
赤道直下、ヒマラヤ、カリブ海……。パック旅行では体験できない貧乏旅行報告に、コースガイド新情報を付した決定版。一部カラー。

下川 裕治／写真・中田 浩資
週末アジアでちょっと幸せ
ベトナムから中国へ国境を歩いて越える。マラッカ海峡で夕日を見ながらビールを飲む。週末、とろけるような旅の時間が待っている。

下川 裕治／写真・阿部 稔哉
週末バンコクでちょっと脱力
金曜日の仕事を終えたら最終便でバンコクへ。朝の屋台、川沿いで飲むビール、早朝マラソン大会。心も体も癒される、ゆるくてディープな週末旅。

下川 裕治／写真・阿部 稔哉
週末台湾でちょっと一息
地元の料理店でご飯とスープを自分でよそって、夜市でライスカレーを頬ばる。そして、やっぱりビール。下川ワールドの週末台湾へようこそ。

下川 裕治／写真・阿部 稔哉
週末ベトナムでちょっと一服
バイクの波を眺めながら路上の屋台コーヒーを啜り、バゲットやムール貝から漂うフランスの香りを味わう。ゆるくて深い週末ベトナム。

下川 裕治／写真・阿部 稔哉
週末沖縄でちょっとゆるり
アジアが潜む沖縄そば、マイペースなおばぁ、突っ込みどころ満載の看板……日本なのになんだかゆるい沖縄で、甘い香りの風に吹かれる週末旅。

朝日文庫

東海林　さだお／椎名　誠

大日本オサカナ株式会社

人気エッセイスト同士の食と人生をめぐる軽妙かつ含蓄ある「面白泣き」対談。打ち合わせなしの真剣勝負がオリジナルの特別対談を加え堂々登場！

恩田　陸ほか

作家の口福《こうふく》

贅沢なチーズ鱈、はんぺんのフォンデュ、砂糖入りの七草粥など、作家二〇人が自分だけの〝ご馳走〟を明かす。美味しさ伝わる極上のエッセイ。

貴田　庄

関東編

小津安二郎美食三昧

読んだらすぐに行きたくなる。小津安二郎が愛し、通い詰めた東京・横浜・鎌倉の名店四一軒を食べ歩き、書きとめたエッセイ。

貴田　庄

関西編

小津安二郎美食三昧

目に美しく、食べて美味しい。小津映画に映りこんでいるような京都・大阪・神戸の名店四一軒を巡り、書きとめたグルメエッセイ。

よしもと　ばなな

ごはんのことばかり100話とちょっと

ふつうの家庭料理がやっぱりいちばん！　文庫判書き下ろし「おまけの1話」と料理レシピ付きのまるごと食エッセイ。

松尾　秀助

琥珀色の夢を見る

竹鶴政孝とリタ　ニッカウヰスキー物語

竹鶴政孝とリタは、日本人に本物のウイスキーを飲んでもらう夢を実現させるために励まし合い、試練を乗り越えていく。